柔翰集

出版三十年手记

王立翔 著

中华书局

目　录

序　一

李国章

　　我是王立翔同志在上海古籍出版社工作期间的老同事，二十多年的风雨历程，眼看他从意气风发的大学毕业生，成长为学有专长、工作业绩突出的传统文化出版的领军人才，内心感到无比高兴。趁此立翔同志的著作《柔翰集——出版三十年手记》出版之际，谈一些自己的感受。

　　立翔同志于1985年毕业于上海师范大学古典文献专业，即进入上海古籍出版社工作。上海古籍出版社的前身是古典文学出版社和中华书局上海编辑所，1978年改名。上海古籍出版社从创建者和长期领导者李俊民先生开始，历届社领导都十分重视对高素质的古籍编辑出版人才的选拔和培养。上世纪八十年代前期，古典文学出版社和"中华上编"时期一批才学之士纷纷回归。为应对古籍编辑专业出版人才出现的青黄不接现象，1980年冬天，向社会公开招聘愿从事古籍出版的年轻编辑，共录取十一人。随后，一批从新时期高校毕业的硕士毕业

生和本科毕业生来到上海古籍出版社工作，真是旧雨新知，群
贤毕至。立翔同志1985年从上师大古典文献专业毕业，即进入
上海古籍出版社工作。以前，在古典文献学人才培养方面，长
期只有北京大学一家，新时期全国也只增加四家。由于古典文
献学是一门综合性学科，要求学生基本功扎实，知识面宽广，
并且具有实际动手能力。立翔同志在大学学习期间，打下良好
的基础，从事古籍编辑出版工作，专业对口，加上爱岗敬业精
神，编辑工作取得显著的成绩。由他责编并策划的图书，涉及
文学、历史、艺术、文博、哲学、宗教等内容，形式上有文献
整理、古籍影印、工具书、学术著作及普及读物等，所编辑出
版的图书，大多获得良好的社会效益和经济效益，有一些图书
获得各类奖项。以下略举数例，以见他在古籍整理出版工作方
面的贡献。

　　立翔同志担任责任编辑的第一部古籍整理书稿是《郡斋
读书志校证》（全二册，宋晁公武撰，孙猛校证），《郡斋读书
志》系我国古代第一部有解题的私人藏书目录，著录了南宋以
前各类重要典籍近一千五百部，其中有许多是早已失传的著
作。本书整理者费时十余年，校以十余种善本，并从浩瀚史志
中钩稽出相关文献，极大地提升了原书的史料价值。这是一部
近百万字的书稿，需要查证的文献极多，工作量很大，作为刚
入门的古籍编辑，可谓重任在肩，压力很大。立翔同志凭借专

业学习获得的基础知识，以认真负责的工作态度，用一年时间，查核大量引文，保证了书稿质量，还应整理者要求，为书稿编制索引，为读者提供方便。本书的出版成为各种版本和前人研究成果的集大成者。本书于2013年8月，被列入国家新闻出版广电总局、全国古籍整理出版规划领导小组组织评选的"首届向全国推荐优秀古籍整理图书目录"。

在立翔同志担任第二编辑部主任期间，他全力以赴，认真组织实施大型专科工具书《中国历代人名大辞典》（全二册，张㧑之、沈起炜、刘德重主编），从选题确定、组稿到书稿的初审、复审，都表现出他的学术眼光、组织协调能力，以及审稿水平。全书收录中国远古至清末名人达五万三千四百多位，时间涵盖整个中国各个历史时期，包括文学、艺术、科技、政治、军事、宗教等领域，并关注妇女、工商医卜、少数民族等群体，人物之众，超过现今同类专业工具书。更为难得的是全书各条目均注明最重要的史料来源，增加编写和审稿的难度，也提升了全书的学术水平。本书于2000年荣获第十二届中国图书奖。

在文学与历史结合、文化与艺术融合方面，普及与提高兼顾，立翔同志勇于开拓，并取得良好成绩。由他策划的"花非花·历史小说系列"，邀请当代著名的女作家，撰写历史上著名女性，选题颇有创意，组织作者却不容易。她们既是要有一定成就的女作家，又要对所描写的历史人物有较深入的了解，还要有足够的历史知识积累。经过立翔同志的不懈努力，终于完成了《吕后·宫廷玩偶》等七种。这套丛书推出后，颇受读者欢迎，取得社会效益与经济效益双丰收。署名"本社编"的《中国艺海》一书，实际上由立翔同志主持组稿并编辑，全书介绍中国各种传统艺术精华，包括绘画、书法篆刻、建筑、音乐舞蹈、雕塑、服饰织绣、工艺美术七大类，共收条目一千二百余，上自原始社会，下迄清末民初，是一部大型综合性鉴赏类图书，书稿中的许多篇章都出自名家手笔。本书出版后，深受爱好中国艺术的读者欢迎。在组稿和编辑的过程中，立翔同志充分发挥自己在传统艺术方面的爱好和知识储备，也为未来从事传统艺术出版作了一次尝试。

上海古籍出版社历届领导都十分重视对青年编辑的培养，要求他们热爱专业，德才兼备，并在实际工作中考察他们，将专业知识扎实、思想开阔、工作优秀的青年编辑选拔到编辑室的领导岗位，让他们带领社内编辑人员开拓选题，积极参加各类学术会议，广泛联系海内外学者，认真复审书稿，把好图书质量关，随后根据考察和优化选择，把业务水平较高、工作成绩突出的专业人才，选拔到社级领导岗位。立翔同志在上海古籍出版社二十三年的经历，正是沿着这条轨迹努力前进，从编辑、编辑室正副主任、总编辑助理，升至副总编辑。

立翔同志具有较好的理论素质，广博的文史哲基础知识，阅读和编辑整理古籍的基本能力，并能准确地反映所整理与研究成果的文字表达能力，在古籍编辑出版方面作出了突出贡献。

由于立翔同志兴趣广泛，并有书法绘画的基础，2008年被调往上海书画出版社，任副总编辑。2009年主持工作，2010年起任社长。

上海书画出版社是一家专事书画艺术出版的专业出版社，源于有着一百多年历史的朵云轩，以1960年重建朵云轩、建立木版水印编辑部为标志，成为现代出版单位。1978年改称上海书画出版社，同时沿用朵云轩的品牌，从事书画艺术出版，此后成立全国首家艺术品拍卖公司，两者结合，在艺术文化全产业链轨道上迅速发展，成为社会效益和经济效益俱佳的出版单位。立翔同志主持上海书画出版社工作之时，恰逢按照上级集团部署，朵云轩及其下属的艺术品经营公司与书画社分离，在没有强大的经济力量支撑之下，如何发扬上海书画出版社在专业出版方面的优势，闯出一条可持续发展道路，这是立翔同志面临的重大考验。

十多年来，立翔同志全身心投入书画艺术出版工作，不断取得新成绩。他对书画艺术出版有明确的指导思想："专业立社是书画社的根本，学术出版在其专业立社的追求中起着标杆的作用，这是书画社六十年发展得出的结论。"（《做好学术出版，推进专业出版工作》）经过深入思考，他对书画社的未来发展，理出了"立足长远，与时俱进，提升品牌，强化专业的道路，决心将学术出版作为制高点来建设，以增强出版的核心竞争力，为品牌注入更多新内涵和时代新气息，塑造更专业、高品质、高传播力的崭新形象"（同上）。他坚持建构以学术出版为高地，以专业图书和普及图书互为支撑，以教材、期刊为两翼的专业出版架构。他从工作实践中体会到"以专业打造品质，以品牌拓展市场"是"专业出版社经营、发展的两个核心要义"（《"中国碑帖名品"丛帖策划缘起》）。他在总结专业出版社正反两方面经验教训的基础上，就出版主业展开一系列的布局和运作。他确立"以传统书画为主体，以艺术与人文结合为补充的出版方向"。在这个出版方向的主导下，构画了大型集成性项目（艺术作品和文献整理）、艺术史料和工具书、经典和前沿学术著作、字帖画谱和技法指导、艺术人文和艺术鉴藏五大基本内容产品线，将此作为书画社可持续发展的核心内容和拓展内容（《做强艺术出版，需要深耕内容这块土壤》）。上述这些出版理念和所出版的各类图书内容，均在《柔翰集》之中，不再赘述。

　　上海书画出版社在最近十多年来，以争创一流艺术出版为目标，全力聚焦出版主业，提出以品牌和专业为抓手，先后对编辑、发行等业务环节进行了机制改革，加强了团队建设和图书选题锻造，收获了大批国家级和专业级的图书奖项，荣膺"中国出版政府奖先进出版单位"，连续多年排名全国美术出版社总产值第一，迈向了全国艺术出版社的前列。立翔同志先后获得"上海出版人奖"，上海市和全国出版行业"领军人才"；2019年还获得全国宣传文化系统"文化名家"暨"四个一批"人才和全国新闻出版广播影视系统劳动模范等荣誉。

立翔同志在改革开放的大潮中成长，大学阶段在古典文献专业学习，打下传统文化知识的坚实基础，二十多年在上海古籍出版社的工作实践，为他从事编辑出版事业积累了丰富经验。到上海书画出版社工作，用他的话说就是"圆我一个与艺术有关的梦想"，他要在自己喜欢的工作平台上"竭尽所能，为书画社发展贡献我的力量"（《学思湖畔任韶华，柔翰镌椠托平生》）。他说到做到，而且做得很好。他有理想，有追求，爱岗敬业，开拓创新，我为他取得的成就感到由衷的高兴，也希望他再接再厉，为繁荣中华书画艺术出版事业作出更大的贡献！

2022年4月

序 二

——艺苑文成锦作堆

徐 俊

　　春雪飘落，雪窗映照，我一字一句读完《柔翰集》清样，一直还沉浸在退休快乐中的我，仿佛又回到了熟悉的职场，随着立翔兄的文字，体会关于出版的苦乐酸甜。

　　立翔兄是我的同行挚友，上海书画出版社与我长期供职的中华书局同属于"古联体"（全国古籍出版社联合体）。书画社在"古联体"是一个特殊的存在，它既是"古联体"的一员，更是"美联体"（全国美术出版社联合体）的主力。书画社以"美联体"经营规模第一的位置，在"古联体"大家庭中备受瞩目，我也一直默默关注着书画社，特别是立翔兄对出版的思考和举措，每年年会和书展都不放过交流学习的机会，连续十数年的上海书展，书画社都是我必去的展台。我自以为对书画社和立翔兄非常了解，但在读完这本以"出版三十年手记"为副题的文集后，给我的认识却是全新的，甚至为过去所知不够、理解不到位而错过更多学习借鉴的机会而感到遗憾。

在我们这一代人共同经历的出版历程中，最大的变化莫过于出版的市场化，出版的文化属性和社会责任永恒不变，但出版的商业属性因为出版社转身为市场主体而被放到了直接量化排比的位置，面对这样的变化，出版传统承续、出版品牌塑造、内容资源挖掘、产品体系构建、读者维护及渠道协同等等，成为每一个出版人特别是出版企业掌门人必须重新面对的问题，可以说，本书集中展现的正是一个有抱负的出版人，面对出版市场化的洪流，如何立定脚跟，用自己对传统文化的信念和对读者市场的理解，在专业出版方面所做出的坚守与探索，所做出的回答。

上海书画出版社源自于有着一百二十多年历史的著名文化品牌——朵云轩，1960年独立建社，建社之初以古代经典书画作品的木版水印复制蜚声艺林，并以最早创办的《书法》杂志、《书法研究》杂志沾溉大江南北的书友学林，有着鲜明的专业形象。出版社专业定位的确立和在读者中专业形象的达成，二者合二为一，这就是出版社的品牌。本书中有多篇文章，结合具体项目实施，对上海书画出版社的历史进行了清晰的梳理，对书画社未来的发展有深入的思考，明确提出"专业立社"是书画社的根本，提出"以专业打造品质，以品牌拓展市场"的经营道路，将学术出版作为制高点来建设，以增强出版社的核心竞争力，为品牌注入更多新的内涵和时代气息，塑造更专业、高品质、高传播力的新形象。可以说，在持续不断完善和丰富产品体系的累积性发展道路上，如何提升和壮大核心品牌，拓展更大的作业面，立翔兄给出了非常值得业界借鉴的答案。

收入书中的十多篇出版序跋，是本书最精彩的篇章，集中体现了立翔兄在上海书画出版社产品线建设上的实践，包含了"名品"系列、"朵云"系列以及"袖珍印馆""艺术史界"等著名产品板块的创意策划，是非常独到的出版案例。从最早的"翰墨瑰宝"到最近的"海上题襟"系列，每一个案例，都有基于选题内容的历史传统和读者基础的考察分析，都有反映最新学术成果的考量要求，更有如何适应当下读者趣味和需求的审慎把握，对出版诉求和读者需求二者的体察把控，堪称教科书级的示范。出版业有编辑部撰写前言或出版说明的传统，但放眼国内书业，如此多的主干产品策划，如此富有学理的细密阐说，都出自立翔兄这位掌门人之手，实在是难能可贵的。我们常说出版是一个最能留下个人印记的行业，立翔兄的努力，正是上海书画出版社品牌及产品的独特性、系统性之所在，也是作为出版人的价值所在。

出版通常被看作一个经验式、实践性的行业，但是好的出版一定包含着出版人执着的信念，包含着出版人的文化观念和工作理念，并在其中起到关键性作用。给我留下最深印象的是书中有关艺术史产品线的思考，立翔兄提出要以为读者构建艺术体系和艺术史观为基础，可谓披云见日。其中大到中国传统文化、中国艺术传统，小到书学传统、画学传统、鉴藏传统，都有切中肯綮的分析——信手拈来的文献依据，加上富有思辨的推论，不同于就出版谈出版的产业分析，为出版作为一门独特学问增添了学理色彩和理论张力。

　　立翔兄上世纪八十年代求学于当时首屈一指的上师大古典文献班，随即进入上海古籍出版社从事古籍整理和学术出版，经历了严格的职业训练，2009年后执掌上海书画出版社，敏学勤思，勇于开拓，在夯实既有出版优势的基础上，一个一个艺术门类，一条一条产品线，精密部署，有效拓展，两个效益突出，本书就是这个探索历程的生动说明。近年来，书画社秉持做有文化底蕴和学术支撑的艺术出版的理念，进一步发力艺术文献的整理，借古籍出版之文献底蕴，破艺术出版之视觉藩篱，形成集二者之强的差异化特质，相信必将迎来艺术出版新的结构性重塑，我们一起期待，乐观其成。

　　立翔兄温情回忆学思湖畔的求学生活，回忆与翁万戈、韩天衡、赵昌平、孙逊先生等前辈的交往，是与本书中对中国"私淑"传统论述的一种呼应，真切感人。"胜事宛然怀抱里"，让我相信相同的人首先是有相同的襟怀。

　　以上是我第一时间拜读《柔翰集》的一点感受，最后借

用一句古诗——"上林花发春如海，艺苑文成锦作堆"来表达
我快读一过的印象，并对立翔兄大著出版致以真诚的祝贺。

壬寅春暮，日就月将书室北窗

中国书画文献的整理出版思考

　　艺术伴随着人类文明的发生发展而源远流长，这其中，散落在华夏大地上的中国艺术瑰宝，成为了世界文明源头的重要标志之一。而与其他文明古国相比，中国艺术（主要指书画艺术）与文献的渊源特别绵长悠久。唐张彦远《历代名画记》云："书画同体而未分，象制肇创而犹略，无以传其意，故有书；无以见其形，故有画。"他不仅追溯了华夏文明中文字与绘画的源头，同时揭示了中国人对这两者的功能及其互补特性的认识。中国的书画艺术及其文献，便是在这样一种渊源之下生长起来。这一传统绵延二千余年，使得中国的书画文献成为了世界文化的一笔丰厚财富。

　　因着中国人的特有禀赋和山川养育，中国的书画艺术形成了独立于世界艺术之林的表现方式，承载着中国人的主观感受与情感，寄托了他们看待人生、理解世界的思索，而这些形式和内涵也早早地以文字的方式，汇入在中国各类文献之中，并伴随着书画艺术发展的不同时期而形成由分散而渐独立，由片言残简而卷帙浩繁的奇观；更为重要的是，在记录与阐释中国书画艺术的进程中，逐渐形成了诸多中国书画文献的特质，并与图像遗存一起，成为认识中国古代书画艺术状貌，观照中国书画发展史，揭示其艺术精神不可或缺的重要凭据。

中国的书画文献，是以书画艺术为对象，以文字方式进行记录、观照和研究的历史文献。现今存留的早期文献，散见在先秦诸子之言中。作为中国思想文化的萌发时期，中国诸多艺术观念的源头也发轫于斯。其中，以孔子的"明镜察形"之说和庄子"解衣般礴"之说为最重要的代表。二说分别借艺术创作述儒家、老庄的人生哲思，虽论谈重点不在艺术，但都切中艺术功能的本质追寻，这形成了后世艺术创作"外化"和"求内"两种功用和理论的分野。中国艺术在其发展的早期即与中国的学术思想相联动，这种特性与中国书画的笔墨呈现方式相结合，形成了中国文人在艺术创作和理论上的深度介入，绘画在宋元以后形成了重要一脉，书法则因与文字的关联，更是早早成为主角，在魏晋时期主导艺术，达到巅峰。同时，文士的介入，更是在书画文献的发育和积累中，一擅所长，发挥了巨大作用。如汉魏六朝时期，产生了一批文学色彩浓厚的书法文献，如汉末崔瑗《草书势》，西晋卫恒《四体书势》、索靖

《草书势》，南朝齐王僧虔《书赋》等等，竭尽描述书法美感之能事，深深影响了当时和后世的书法创作。现存最早的完整绘画文献是南朝谢赫的《古画品录》，这部著作不仅提出了系统的绘画六法，还以独特的方式涉及了画品和画史，影响深远。在此之后，后世历朝文人和画家分别从特长出发，或兼有双重身份者，更多地投身到书画文献的著述中，书画文献著作数量逐渐宏富，内容更为广阔，阐述愈加精微，并建构起论述、技法、史传、品评、著录、题跋等多样体式，形成了中国独有的书画文献体系。除专著、丛辑、类编等编撰形式之外，更有大量与书画艺术相关的文字，散落在别集、笔记、史传等书中，成为我国弥足珍贵的艺术文献遗产。

前后二千余年的累积，虽因年代久长，迭经变迁，尤其是早期的书画文献散佚甚多，但留传下来的文献数量仍称浩繁。古人以上述诸种的撰著体式，将书画艺术所涉及的研究对象均包罗在内，毫无疑问成为后人理解和借鉴的重要宝藏。除了其他文献都具备的史料特性外，我们还可以认识到中国书画文献其他的许多重要特质。

前述之孔子与庄子对绘画功能的重要论述，实是中国艺术思想和精神的发轫源头。先秦时期，"画缋之事"虽为百工之一，但其社会地位仍然低下，是孔子从统治秩序和人生哲思层面将绘画的社会功用，做了理想阐述。这一思想通过文献流播当时和后世，为历代帝王和士大夫所接受，认为绘画可以"成教化，助人伦，穷神变，则幽微"，"有国之鸿宝，理乱之纲纪"，可与"六籍同功，四时并运"（《历代名画记》），大大提升了艺术的社会地位，成为艺术功能社会化的发端。也正是这一作用，解释了中国历史上文人士大夫乃至帝王热衷于书画创作和鉴赏现象不断出现的重要缘由。

相对社会功用的"外化"，孔子还提出了艺术"内省"的"绘事后素"一说，揭示了绘画"怡悦性情"的内在本质，引导出影响中国艺术的一项重要的审美标准"雅正"。同样，孔子的这一观念，也渊源于其儒家内省修身的理论，"依仁游艺"是其思想的归属（"艺"原谓"六艺"，但其中也包含与艺术相关的内容），并由此引申出"君子比德"的"品格"之说。同样是观照艺术本体，与孔子以中庸思想为前提的要求不同，庄子的"解衣般礴"以不拘形迹的方式探求宇宙自然和艺术家内心的真率，更容易被艺术家所接受。

这两种观念的不断深化和融合，逐渐构成了中国艺术精神博大精深的内核，而这种深化和融合的诸种轨迹，随着后世政治、宗教、伦理、学术思想的丰富而备极变化，形诸文字，大量反映在后世的书画文献之中。而后世的书画文献基本依存其自身发展的需求，在更宽广的领域对书画艺术的成果、现象、技术、规律、历史、品鉴等等内容进行记录和研究，产生了浩瀚的文献，成为今人珍视的丰厚文化遗产。

在二千多年的累积过程中，中国的书画文献不但数量庞大，而且也有一定的系统性，许多文献因具有开创性和典范性而具有经典意义。如南齐谢赫《古画品录》，唐孙过庭《书谱》、朱景玄《唐朝名画录》，宋郭熙《林泉高致》、郭若虚《图画见闻志》、黄休复《益州名画录》、米芾《海岳名言》，明董其昌《画禅室随笔》，清石涛《画语录》等等。最为著名的当属唐张彦远的《历代名画记》。这部完成于唐大中元年（847）的绘画史专著，被人誉为画史中的《史记》，是我国第一部美术通史著作。它以传统史、论结合的方式，开创了绘画通史的体例，对绘画的社会功用、画家个人修养和内心精神探索等重要问题发表了客观而积极的见解；在保存前代绘画史料和鉴藏信息方面，尤其功绩卓著。有学者称其多南朝评述而少北朝之关注，其实这或许主要是因北朝社会动荡，士族南迁，绘画文献不足所致。《历代名画记》之所以对后世具有经典意义，张彦远对文献的搜罗及其研究之功至为重要。

经典文献毫无疑问具有重要的学术价值，因此对后世而言具有引领性和再研究性，甚至在体式上也具有示范性。在书画文献的历史上，这种特征甚为明显，并形成了传统。南齐谢赫《古画品录》之后，有陈姚最《续画品》、唐李嗣真《续画品录》；唐张怀瓘撰《书断》之后，有朱长文《续书断》；孙过庭著《书谱》后，姜夔作《续书谱》。有的著述则后来居上，声誉盖过前著，如元人陶宗仪以《书史会要》接续南宋陈思《书小史》和董史《书录》；也有双峰并峙相互辉映者，如康有为《广艺舟双楫》与前著包世臣《艺舟双楫》。当然，传统的承续性和内容的再研究性，并不完全仅仅体现在书名上，更多的是在体式上和内涵中。

与其他类型文献发展的历史过程一样，书画文献这一丰厚的文化遗产，也是经历了漫长的历史年轮，有着自身的成长轨迹。书画艺术虽然与中国美术的渊源极为悠久，但因着其与载体（纸帛、金石、简牍等材料）有不可分割的关联，书画文献无疑也以其记述之对象的内涵外延为范围。

汉魏两晋时期被视为书画文献的发端期，东汉崔瑗的《草书势》、赵壹《非草书》等文被视为现存最早的书法专论。这个时期的书画文献因散佚而现存十分有限，一些重要人物的文字，多被后人推断为后世托名之作，若王羲之的《题卫夫人笔阵图后》等。比较可靠的文献，多有赖于他人的引录。

六朝隋唐则是书画文献的繁荣期。这时的书画创作和批评鉴赏已蔚然成风，一些美学观念和研究方式得以建立，对书画艺术的认识进入到一个全面系统的阶段，出现了谢赫《古画品录》、张彦远《历代名画记》、孙过庭《书谱》这样彪炳后世的著作。

　　宋元进入深化期，帝王、士大夫深度介入书画艺术，创作和理论研究相得益彰，书画艺术更多地融汇在上层阶级的政治文化生活中，书画文献数量进一步放大，显示出深化发展的特征。

　　明代是书画文献的繁盛期，主要原因，一是商品经济进一步发展，市民阶层兴起，社会思想活跃，艺术上分宗立派，鉴藏风气大盛，书画艺术呈现出崭新的需求；二是刻书业的发达，文人和画士看重传播效应，著述热情高涨，这些都导致了明代的书画文献数量和体量均超越了前代，但质量良莠不齐。

　　清代可称承续期，书画文献的数量进一步增加，作者身份和著述目的亦更加多样复杂，书画文献的门类在进一步完备的同时，也延续了明人因袭芜杂之风。朴学、碑学的兴起，则大大刺激了金石书画论述的开展，皇宫著录规模更是达到了巅峰。对书画著录的热衷，并未因清王朝覆灭而停滞，而是继续绵延至民国。

　　受西方治艺术史的影响，今人将图像也视作文献的一种。这种观点放置于中国书画，确实也有其更多的合理性，因为图像兼具有可阐释的诸种信息，是可以用文字还原的。而在中国书画中，文字于作品上不可忽视的地位，也足以显示图像形式与文献的多元价值关系。然而中国书画文献的体系是中国古代自身固有的，梳理中国历代书画文献，还是应主要依靠中国的传统学术，从其自身的系统中去观照和进行。因此，我们今天讨论的中国书画文献，仍然是以文字形态存在的典籍为主。而事实上，中国书画著述的传统，也是更注重超越作品，揭示其更丰富的内涵和外延信息，这正是中国书画文献的重要价值所在。

书画典籍作为书画艺术研究具有核心作用的材料，它是我们解决书画艺术本体问题和历史现象可靠性的基本依据。因此，书画文献的专门化梳理，是我们继承和用好这笔丰厚遗产的前提。但书画典籍的专门化，在古代学术分类中，则有一个过程。在《隋书·经籍志》之前，史志均未专设与书画有关的门类，与艺术有关的乐（乐舞）、书（小学）作为儒家经典的附庸，被安排在六艺（或经部）之中。但彼时艺术（书画）的自觉尚未发端，典籍亦不够丰厚，故难有独立之目。《新唐书·艺文志》始有"杂艺术类"，仅录张彦远《历代名画记》等书画之属典籍十一种。直至清《四库全书》，书画（另有篆刻）之属被归在子部"艺术"类中，这才与今天书画篆刻之艺的归属基本是一致的了。但有些书法文献则因与金石、文字有关，仍分散在史部、经部小学类中。

如同其他专门之学对于史料的需求一样，历代书画文献

"中国书画基本丛书"书影

之于今之中国艺术学科研究的重要作用是不言而喻的。不过以
中国历史研究为参照，书画文献的史料价值至今远未得到有效
利用，这某种程度上与对书画文献的整理不够有关。历史研究
有三段说，即史料之搜集、史料之考证解读、史料之运用，史
料须从浩瀚的历史文献中钩稽而出，同时又在研究、运用过
程中被深入发掘。因此，对书画文献进行"整理""研究"和
"整理之研究"，是一项大有可为的工作，其中治书画史和艺
术史尤为重要。

　　中国古籍卷帙可谓汗牛充栋，历代书画文献也堪称绵延
浩繁。由于学界研究和新一代书画读者的阅读需要，从历代
书画文献里梳理出更多的重要典籍和篇什，并以适宜现代读
者正确阅读理解为指向地加以整理研究，则成为今天出版人
所应做的工作之一。上海书画出版社向以重视中国艺术文献
的整理出版为己任，应在认真梳理历代书画文献的基础上，
借鉴业已积累的经验，充分发挥书画社积聚的文献整理专业
优势，有效组织本社和社会资源，借助当下之技术条件，出
版一套主旨明确，内容系统，版本精良，整理完备，检索便
捷，切合时代，适合读者的大型历代书画典籍丛书。丛书可
以取"基本"之义，一是拟以目录学方式观照历代书画文
献，选取史有公论、流传有绪、研究必备的书画典籍，以有
助读者"辨章学术，考镜源流"。二是指整理出版的范围，

尚限于流传、著录有序之历代书画典籍。而广义之书画文献，则含散见于其他文献中的书画资料，包括未见诸已编集著作中的诗文唱和、往来书翰，以及留存于书画作品之上的相关题跋等等，此类文献的搜辑、整理和出版，则有待于将来。三是以当今标准的古籍整理方式为基本要求，充分吸取已有之研究成果，达到规范的文献整理出版要求。

　　需要指出的是，治中国传统之学的一大特征，是融文史哲于一炉，治书画艺术之学，既要结合书画艺术之本真，又当置身于中国国学之中，这是土壤，这是血脉。因此，整理好书画文献，必须以传统的版本校勘之学为手段，以深厚的中国历史文化为基础，做更多具体而微的工作。

　　　　　　　　　　　　（本文为"中国书画基本丛书"总前言，
　　　　　　　　　　　　　　2018年，上海书画出版社）

做好学术出版，推进专业出版工作

——以上海书画出版社为例

  书籍是人类文明积累和传播的载体，其蕴含的知识、思想和精神价值，对人类社会发展起到了无可比拟的巨大作用。而这些内容和价值的背后，是学术研究推动了思想和知识的演进和升华，因此，学术出版虽是一个并非古老的概念，但它的源流却伴随着书籍流播的历史长河。学术出版的概念有狭义和广义之别，狭义的学术出版是指对某一学科、领域或某一专题进行较为集中、系统、深入论述的学术著作的出版，广义的学术出版则是指对学术研究以及对这种研究起到支持作用的图书的出版，其中包含了研究所需要的工具书、图文资料、年谱索引等等。

一、学术出版在专业社的定位

  现代出版业根据读者需求，通常将出版社分为教育出版、大众出版和专业出版等几个类型，学术著作的出版在这些出版门类中都占有十分重要的地位。而专业出版社，因以特定读者为产品供给对象，尤其是一些专业出版社的读者定位更偏向于一些学科或研究的领域，学术出版物在其出版物中的比重更大。因此，学术出版是专业出版社无可回避的一项工作。

在社会高度发展、分工越加细化的时代大背景下，读者对图书内容细分的要求，决定了出版社将走向越加分工明确的专业化发展道路。换而言之，正是因为社会发展对某个学科方向或研究领域的专业化需求，才构成了专业出版社存在的意义，而学术出版正是强化专业化程度、提升专业出版水平的终极手段。因此，今天的专业出版社应更加重视学术出版工作。

然而长期以来，学术类图书因读者接受面有限、市场动销缓慢、获利程度不大，甚至单品种结算亏损，致使许多出版社的编辑和发行人员都对学术图书的出版疑虑重重，有些专业社也将图书市场的反应作为选题取舍的唯一依据。这些情况都反映了许多出版从业人员对专业出版的特性、发展重要性等问题认识的不足。

其实经过了上世纪八十年代以降近四十年的发展，我国的图书出版已经历经了市场经济的多轮磨砺。早期一些出版社唯市场论，貌似以大多数读者的阅读倾向和趣味为导向，其实并不明确读者的真正需求，生产了大量急功近利的产品，混战于低层次竞争之中，以致图书内容陷入低水平、同质化，甚至品质低劣、格调低俗之中，一些专业社因此而消减了专业特色和内容优势，迷失了发展方向，陷入更大的经营困境之中。进入新世纪，许多优秀出版社走在了改革的前沿。对出版社累积文化、传播思想、传授知识之终极目标和企业可持续发展命题的不断追问，使得许多有使命感的出版人逐渐理清了头绪，他们摆脱了低层次竞争的困扰，由跟随市场进入到把握市场乃至引领市场，推动出版进入有经营理念、有使命担当的新格局时代。这一变化，尤其鲜明地反映在一些专业出版社的改革进程中，他们坚持不懈、上下求索，在围绕主攻方向、打造专业特性等方面下功夫，不仅在图书内容上赢得读者信任，同时在行销经营中获得了成功，最终闯出了独特的发展之路。一些老字号品牌社坚持走专业化道路，如商务印书馆、中华书局、三联书店等名社，都以学术立社，以大量高品质、系统性的传世名著为产品主体，显示出渊源有自的专业社影响力；一些建社历史相对不长但有追求有格局的出版社，纷纷依托各自资源，以一些学科或专题方向的学术出版为突破口，快速突进而形成新的品牌，在读者中也拥有了上佳口碑。许多中外成功案例说明，高质量的学术书、工具书具有经典性和权威性，它们既构成了专业社的标志，也成为了出版社的常销书中盘，学术出版对其可持续性发展形成有力的支撑。

成立于1960年的上海书画出版社，与其他许多出版社一样经历了相似的成长过程，很早就开始了对专业出版的探索之路。书画社有着鲜明的专业形象，自成立伊始，以木版水印复制古代经典书画作品和创办《书法》期刊为标志，开始致力打造专业出版。此后创刊的学术期刊《朵云》和《书法研究》，更体现了当时的出版前辈对书画社专业特性的精准把握和未来发展的卓越眼光。这些专业期刊成为当时为数不多的学术交流平台，不仅刊发优秀学术文章，发起专题学术讨论，更开展了包括国际学术研讨会、创作展在内的各种学术活动，使得书画社在推进相关学科建设，提升专业研究水平，聚合和发掘海内外优秀学术人才等方面，发挥了重大作用。以此为依托，书画社还出版了《中国书画全书》《中国玺印篆刻全集》等一批标志性的出版物。这些图书与专业期刊共同奠定了书画社在学界和读者心目中的地位，学术出版工作走在了全国同行的前列。因此，专业立社是书画社的根本，学术出版在其专业立社的追求中起着标杆的作用，这是书画社六十年发展得出的结论。

二、做好学术出版的规划

跨入"十二五"，书画社进一步认真回顾自身的发展历程，总结改革开放以后出版同行的经验教训，对书画社未来的发展进行了深入的思考，理出了立足长远、与时俱进、提升品牌、强化专业的思路，决心将学术出版作为制高点来建设，以增强出版社的核心竞争力，为品牌注入更多新内涵和时代新气息，塑造更专业、高品质、高传播力的崭新形象。

"十二五"规划中，书画社有七个项目入选国家重点出版项目，数量为历次五年规划之最。这些项目基本以出版价值重大和学术含量较高而入选，如《董其昌全集》《金石学未刊稿集成》（初编）是我社传统艺术文献整理出版的延续，《中国文人画史》《中国宗教美术史》是学术界专题史研究的重大成果，体现了我社编辑对学术研究前沿性问题的预见和把握。《凡·高书信全集》是我社将视野向国际拓展的一项重要尝试，这个项目不仅大大提升了我社的国际知名度，同时也有力加强了我社对翻译稿件的审稿能力，更推动了与海外的版权贸易。以"十二五"规划为契机，我社为加强专业特色而加大了选题布局力度，如《木雁斋书画鉴赏笔记》《上海图书馆善本碑帖综录》、"艺术与鉴藏"丛书等项目，都是我社基于对艺术品鉴藏史研究将成为学界和读者关注的一个热点而启动的，推出之后，迅速成为我社学术出版的最新特色。《海派绘画大系》《海派百年代表画家系列作品集》的出版，则因坚实且全新的研究梳理和巨量的图像汇总，接续了二十多年的海派艺术出版传统，从而完成了我社海派艺术出版重镇的建设，赢得了学界和媒体的赞誉。

这五年间，书画社的学术出版荣膺了多项荣誉，获得国家和市级以上各类奖项一百七十余项，获得的各类国家和上海市学术基金支持超过一千万元以上，社会效益排名大幅跃升。在重大选题的影响和带动下，书画社选题的结构更加合理、饱满，竞争力和影响力都再上了一个台阶。

基于"十二五"规划发展所带来的积极作用，"十三五"开端，书画社总体上延续了原定的工作思路，继续强化了学术出版特色，同时提出要过滤浮躁，长远规划，尤其要保证重点项目的连续性，以利产生经典性和原创性的作品，促使我社的内容积累更加丰厚，专业优势愈加彰显。经过多轮策动、组织、论证和三次增补，书画社入选"十三五"国家重点出版项目的数量达到十五项，取得全国美术出版社第一的佳绩。这些项目我们都以打造传世之作、汇集学术成果为出发点，不惧规模大、难度高、时间长，而是立足长期坚持、久久为功，编辑团队多方组织学术力量、整合学术资源，以期为书画社的学术出版制高点建设添砖加瓦。其中《吴昌硕全集》，延续了我社对中国书画经典作品和重要资料进行大规模、集成性出版的工作，增强了学术性和文献性，建构了百年来最为全面最为厚实的吴昌硕研究平台；《海派代表篆刻家系列作品集》则实现了继《海派代表书法家系列作品集》《海派百年代表画家系列作品集》之后的璧合，为学术界提供了对近代以来海派艺术完整观照的有利条件；《金石学未刊稿集成》则出版了二编和三编，合计达到九十卷，完成了"十二五"规划的战略部署，极大方便了今人对金石学传统的再梳理和研究。此外，书画社还努力把握学界动向和读者需求，对海内外机构所藏中国书画艺术珍稀文献和图像资料进行了重点开掘，出版的《中国国家图书馆藏山川名胜舆图集成》《上海城市地图集成》、"上海博物馆藏碑帖珍本丛刊"等集成性项目，使学界对长期紧锁于库房的珍档有了崭新认识，成为书画社不同于同行的新亮点，有力垒高了书画社的学术出版制高点。

三、做强学术出版，做优专业品质

以学术出版打造专业社制高点，要明确什么才是好的学术出版。经过多年的探索，我们认识到，能为专业读者所认可、属于引领学界发展或对研究有重要意义的选题，才是我们要介入的学术类选题。因此，是否为好的学术出版物有两个判断的维度，其一是具有学科影响力，其二是具有社会影响力。这两者既独立，也会有交错，符合一点，就应该是值得出版的学术选题；而出版社若做到两者兼具，那就是优秀的学术出

"上海博物馆藏碑帖珍本丛刊"书影

版，即我们尽量要做为公共关注的学术产品。我们认为，学术出版不是小圈子出版，对图书学术价值的评判既要建立在学科意义上，更要成就在其对社会或世界认识的贡献度上。

那么，如何才能在优秀学术出版方面有所作为呢？

1. 出版学术经典之作

优质的学术出版，首先体现在作品的权威性和经典性上。权威就是具有一定范围内至高的影响力，经典就是经久不衰之作。它们都经过了一定历史时期的检验，具备了学习研究时不可替代的作用，具有了文化积累意义。这样的图书因具有需求的延时性而常销不衰。

在中国艺术的研究领域，辛亥革命以降，传统艺术被纳入现代学科视域，一批学者放眼世界，既吮吸西方新学，又融合中国传统学养，投入到以书画为主体的中国艺术研究中，开启出从未有之新境，诞生了一批今人视为具有奠基之功的经典之作。但对这些重要著作，美术专业出版社长期以来并未系统加以整理出版，一些非美术类出版社虽有刊印但缺乏专业观照。为使今天的读者完整地获见此一时期的中国艺术研究成果，书画社决心遴选一批经典之作编入"朵云文库·学术经典"。这一丛书选目专业，选取了张宗祥、余绍宋、顾鼎梅、陈师曾、姜丹书、黄宾虹、王岑伯、刘思训、滕固、郑午昌、童书业、祝嘉、傅抱石、潘天寿、俞剑华、沙孟海、郭味蕖等一批大家的代表作，还邀请了郎绍君、薛永年、潘公凯、周积寅、陈池瑜、万新华等当代专家撰文导读，且以图版作文本印证，贴合了当今读者的阅读需求。丛书内许多选目为首版后第一次重新刊印，更多的著作都是寻找了最佳底本，力求内容准确、权威。这些工作，都使得老书新出具有了专业提升和有利使用、传播的新价值，从而深受专业内外读者的喜爱。书画社相信"劣币"终将被"良币"淘汰的法则，将经典之作化为自己的学术常青之书，其意义也超出了出版物本身。

上世纪初以来，日本学者研究中国传统绘画诞生了很多精深之作，特别是以日本京都学派与东京学派三代学者为代表，许多研究成果和方法对中国学者都深有启发。但长期以来这些作品只闻其名，未有系统翻译出版，中国学界引为憾事。2015年，书画社携手浙江工商大学东方语言文化学院启动"日本中国绘画研究译丛"的出版，决心对日本学者的相关著述进行大规模移译。该项目入选国家"十三五"出版规划和国家出版基金项目，最终历时五年，首批完成了包括内藤湖南、米泽嘉圃、中村不折、岛田修二郎等著名学者的十部代表作，获得学界巨大反响。这一译丛的翻译和出版克服了诸多的困难，成为书画社以巨大毅力打造学术出版制高点的又一案例。

沿着这一路径，书画社将学术出版的视野进一步放大到中国艺术史研究领域。近百年来海外学者的中国艺术史研究，是一个以跨学科的视野和研究方法阐释中国艺术所取得瞩目成就的重要领域，随着国门的开放，这些成果陆续为中国学者所重视，并激发了国内艺术史学者研究进程的加快，以及国际间对话的开展和深入。书画社关注到了这一学术动态，早在上世纪九十年代就翻译出版了美国学者高居翰的两部著作。至"十二五"，书画社决心将中国艺术史研究作为学术出版的主要方向，并于2016年开始推出《方闻中国艺术史著作全编》系列图书。方闻先生是美籍华人，著名的中国艺术史学者，他将西方的结构风格分析和中国传统鉴定法相结合，全新描述了中国文化视线下的中国绘画史，同时演进了那些起源于西方艺术史的方法论，深刻影响了一批同时及其后的学者。方闻的著作最早在1993年就由书画社翻译出版，但此后长期未再有译著面世，国内学者难以全面了解他的完整学术思想。基于此，书画社决心全部翻译出版他的相关著作，而《全编》的正式出版自然引起学界强烈的关注。中文版《全编》的出版，大大扩大了方闻学术思想和研究方法的世界传播力度，其中《心印》《艺术即历史》等书的出版，已是中外学界公认的经典著作。

2. 打造当代学术权威之作

学术研究处在不断的推陈出新过程中，学术出版物的质量和水平也存在参差不齐的状态，因此，优良的品质是学术出版的关键。要尽快获得读者的认可，出版某个领域内权威学者

《方闻中国艺术史著作全编》书影

的作品，不仅会使得学术出版有一定的质量保证，更易赢得读者的信任度和关注度，有利于学术出版品牌的塑造。相对于其他社科领域，目前国内与艺术学科相关的学术研究总体起步晚，研究也不均衡，因此，出版权威学者的重要学术著作，就显得更加重要。

2018年，书画社推出了《傅申中国书画鉴定论著全编》。傅申先生先后供职于台北故宫博物院、美国佛利尔－赛克勒美术馆，既有书画实践和国学基础，又接受西方艺术史教育，且长期耕耘在书画鉴定研究领域，对中国书画鉴定学的完善作出了重要贡献，是海内外公认的权威学者。全编完整实现了傅申论著在大陆的出版，使得读者得以系统观照其学术观念和鉴定方法的变化，其中的多部著作还是首次出版中文版。书画社鉴藏类图书由此得到了读者更多的认同。

在寻找已经成名的权威学者的同时，我们也将视线投向其他更多优秀学人，审视他们的学术成果，关注他们的学术研究动向，有的放矢地与他们探讨研究课题，进而确定研究项目，长期跟踪他们的写作进程，帮助他们打磨写作内容，以利打造出原创的、符合我社选题方向的有影响之作。《藏传佛教艺术发展史》就是这样一部著作。这部由藏学和美术史学者谢继胜教授领衔的研究团队历时十年撰成的宏大之作，将藏传佛教艺术放在我国多民族文化相互依存、交融发展的背景下加以

《傅申中国书画鉴定论著全编》书影

研究，解决了诸多学术难点问题，被学界称为填补了藏传佛教艺术研究的一项空白。如今十年过去，这部著作已成为该领域研究不可绕过的权威之作。

3. 学术出版要有引领性

学术成果要具有价值，还应具有前沿性乃至引领性。出版社要避免出版平庸甚至人云亦云的所谓学术之作，因此对于选题价值的判断，是衡量其专业出版能力的一个重要标尺。书画社出版的《克孜尔石窟壁画复原研究》一书，是作者赵莉集近二十年考察、研究成果的心血之作。她长期工作在龟兹石窟，又借与海外博物馆合作机缘，以文献、实物材料配合数字技术，对克孜尔石窟壁画做了严密系统的复原考证研究。书画社认为这一研究项目不仅走在了同行前列，且将促进对龟兹石窟整体的保护和研究，故迅速与作者达成出版意向。该书也列入国家"十三五"出版规划和国家出版基金资助项目，出版后在北大文研院举行学术研讨会，被专家赞誉为具有里程碑意义的一部著作。

4. 学术出版要对学科发展起到建设性作用

随着艺术学和文博学科建设的推进，中国艺术品鉴定之学也开始为教学和研究所重视，但长期以来，因研究资料的匮乏和专门研究人才的不足，以致具有学术规范的相关出版物十分稀见。有鉴于此，书画社于十年前就筹划并开始推出"艺术与鉴藏"丛书，以开放的视野出版了诸多海内外研究成果，如《中国外销瓷》《近代日本的中国艺术品流转与鉴赏》《东亚艺术与美国文化》《弗利尔与中国艺术》《英国收藏中国陶瓷史（1560—1960）》《艾斯肯纳兹中国艺术经眼录》《吴门具眼》《福开森与中国艺术》等学术著作，并出版了大量海内外公私机构所藏艺术品图录，涉及到书画、瓷器、玉石刻、金银器等各个艺术门类，图书作者、编者都是长期从事理论研究和实践工作的专家，有的还是跨学科的学者。这些图书的出版，大大开阔了高校师生和社会相关从业人员的眼界，被许多高校引为研读书目，助推了中国艺术品鉴藏史、鉴定学教学和研究的起步和深化。学术出版如能起到这样的社会效果，无疑是出版的社会功能和行业价值的可喜体现。大批鉴藏类研究著作和图录的出版，也构成了我社学术出版的重要特色。

5. 学术出版要为学术研究筑厚基础

学术研究层次越高，对本领域的研究基础就要求越高。出版社要助力推进学术建设，进而建设学术出版的高地，就要为学术研究的基础构筑创造条件。这个基础的构成主要是文献资料和工具书两大类。

（1）艺术文献

文献是一切学术研究的基础，高质量的文献整理工作，本身就是学术研究的一部分。艺术文献，尤其是书画文献的整理出版，理应在书画社学术出版的范畴之内，其中古代部分艺术文献的出版，还与其他古籍出版社一样，承担着传承和弘扬传统文化的重要任务。上世纪九十年代，书画社就出版了十四卷本的《中国书画全书》，为书画研究者提供了重要的文献资料。进入"十三五"，出版业也跨入中华民族伟大复兴的新征程。书画社决心借鉴业已积累的经验，组织更加成熟的文献整理、研究和编辑力量，开掘更加丰厚的资源，规划二百种选目，出版一套符合当代古籍整理规范、切合新时代需求的"中国书画基本丛书"，由此启动了对艺术文献的新一轮出版工作。与之相配套，书画社还推出了"历代书画名著译注丛书"，以更适合艺术教学和初入门读者的需求。

2014年，书画社出版了全八册的《董其昌全集》，这是董氏身后三百多年来首次对其著述作完整整理和出版。董其昌是晚明书画大家，而这样一位在理论和实践上对书画南北宗思想产生重大影响的重量级人物，其文献在此之前并未得到应有的重视，因而《全集》出版的意义毫无疑问是重大的。《全集》编修工作克服了搜辑、辨伪、点校之难，历时五年方得完成，为开展全面深入的董其昌学术研究，提供了最为翔实的文献资料。

鉴于近年来金石学的重新兴起，书画社先后与复旦大学图书馆、国家图书馆、上海图书馆联手，以三年时间推出《金

《董其昌全集》书影

石学稿钞本集成》计三编九十卷，汇总这些富藏于古籍机构中的清代至民国初学人之金石类著述未刊稿本及钞本，兼及已刊印金石类著述之名家批校、增补本，撰写提要，影印出版。这是近二十年来最大一次系统的金石学文献整理工作，项目列入国家"十三五"出版规划，并获全国古籍整理优秀图书一等奖。

除文本外，金石学研究的另一个对象就是图像。全形拓是近代以来中国特有的一种传拓技术，其于青铜器图像、纹饰和铭文的记录，对晚清以降金石学的发展起到重要作用，但这些拓本因传世稀少，多藏于公私机构而鲜为现代读者所获见。为此，书画社与国内全形拓收藏最丰富的国家图书馆合作，出版了八卷本的《中国国家图书馆藏青铜器全形拓集成》，此书也被列入国家"十三五"出版规划，出版一个月内即告售罄，于此可见书画社对读者相关文献（图像）需求的准确把握。

近现代以来，中国美术教育和创作发展快速，但也因时代相对接近当代，对当时的美术文献保存和利用不够重视，近现代美术研究也因此呈现局部和分散的状况。为此，书画社决心以海派艺术为切入口，加大此一时期文献的整理出版，先后出版了《民国书画金石报刊集成》（二十九卷）、《中国近现代美术期刊集成》（二十卷）、《近现代艺术文献丛刊——美术卷》（二辑合计六十卷），如此大规模的近现代美术文献的集中出版，在出版领域尚属首次。这些图书因搜罗齐备、门类清晰、体例严谨，成为各高校尤其是美术研究机构的馆配必选书目。

（2）工具书出版

工具书在学习和研究中被广泛且频繁地使用，因其提供权威、便捷的知识信息而成为学术出版的一个重要组成部分，对读者提高学习和研究的效率，有着重要作用。国内工具书往往由辞书类专业出版社出版，但作为细分学科方向的专业出版社仍然可以发挥所长，出版本领域内的专题工具书。历史上书画社出版了多部专业工具书，如《中国画学著作考录》等，就为中国绘画理论和绘画史研究提供了大量珍贵的史料，具有重要的学术价值。"十二五"期间，书画社推出了《中国书法大事年表》《中国印学年表》（增订本）等工具书，满足了广大从事书法篆刻学习、研究读者的需求。

鉴于碑帖金石学研究的再度兴起，书画社以近十年的努力，出版了《上海图书馆善本碑帖综录》《中国国家图书馆善本碑帖综录》。上海图书馆、国家图书馆这两大图书馆的馆藏基本涵盖了现存碑帖善本的代表，几乎呈现了整部中国碑刻史，而《综录》以严谨的体例、规范的表述、完整的信息著录、高清的图像，既接续了悠久的金石学传统，又与古典版本目录学相结合，成为了碑帖领域最重要的工具书，对研究和保护存世碑帖、开掘历史文化文物等诸多内涵，提供了坚实的基础。

人物年谱是依年编次某人生平事迹文献资料的一种图书，也属于研究所需的一种重要工具书。优质的年谱编纂，不仅体现编者的学术素养，更有利于从宏观到微观展开对人物及其时代的深入研究。从"十二五"起始，书画社开始筹划"书画名家年谱大系"，如今费时十余年，已合计出版了十一种历代重要书画家的年谱。这些著作考订生平、钩稽史料、甄别作品，所费之功往往需要数年，为书画史研究做了可贵的铺路石工作。

6.做好学术普及出版

专业出版还承担着学术普及的重要使命，学术出版的受众也不仅仅限于本领域的少量研究型读者，好的学术出版还要做好"破圈"和"蹲下"的工作。艺术出版同样担负着为大众服务的职责，书画社将学术出版高地建设所带来的品牌和内容优势，努力向普及读物延伸，一方面，我们专门延请著名学者亲自撰写轻型或准学术著作，另一方面，又要求编辑在各类大众读物中注入更多的学术含量，体现更高专业品质。其中一个重要的观念，就是将人文内涵融入知识信息表达，以亲和的表述方式呈现专业内容。书画社推出《中国艺术史九讲》《艺术与文明》《交织的日光》《了不起的中国画》《瓷器中国》等一系列优质学术普及读物，均体现了我们学术普及出版的追求。

这些图书的作者包括了像方闻、范景中等著名学者，其中方闻先生的《中国艺术史九讲》荣获"2016年度中国好书"，余辉先生的《了不起的中国画》连续占据当当艺术图书榜单首位。学术普及出版使书画社品牌增添了新的时代气息。

四、学术出版的支撑

做好学术出版是一件十分不容易的事，因此做好学术出版规划并努力达成预定目标，尚需内外在的许多条件来支撑。书画社要成为一流艺术专业出版社，就必须勇于担当，敢于先行，克服不利因素，成为推动本领域内学术高质量发展的推手，如此，书画社将真正走在同行的前列。

1. 要拥有一支优秀的作者队伍

学术出版的水准最终取决于当代本领域的研究水准，而研究水准取决于作者的学术能力。与其他学科尤其是与文史研究相比，艺术领域的学术力量相对较弱。最近十余年来，在一些专业院校和学科带头人的努力下，这种情况有所改善，但总体而言，艺术类的学术建设仍相对缓慢而分散。这就给艺术类出版社的学术出版带来较多困难。

有作者才有选题的落实。书画社充分发挥专业平台和品牌优势，从学术出版的定位和拓展方向出发，作者目标首选本领域的权威学者，以实现选题的高起点、高水准。经过不懈努力，近十余年来我社出版了一批当今最优秀作者的优质选题，在艺术史领域就有张珩、谢稚柳、徐邦达、杨仁恺、方闻、高居翰、（英）苏立文、郎绍君、何惠鉴、翁万戈、傅申、薛永年、石守谦、卢辅圣、（英）杰西卡·罗森、（美）尹佩霞、巫鸿、范景中、朱凤翰、罗世平、陈池瑜、洪再新、扬之水等知名学者，为书画社的学术出版贡献了重要力量。除此之外，书画社还十分重视与当今学术界中青年作者的合作，在各种选题方向延请他们加盟或参与著述和写作，并为他们构筑"中国美术研究""朵云文库·书画论丛"等系列，专门出版他们的优秀学术成果；更利用书画社的平台和传播效应，将他们推向当今的学术舞台和广大艺术类图书的读者。在这种合作过程中，我们为今后选题的开发积累和培育了新生代作者。书画社通过专业期刊刊文和重要图书出版，汇聚了一大批一流的海内外学者和艺术名家，也为许多作者走上专业发展道路创造了舞台，由此产生的文章、著述、艺术作品，共同推进了当代的艺术和学术的繁荣，形成了名家辈出、名作荟萃的良好局面。

2. 要寻求与高校机构的合作

高校具有教育和研究的职能，也是学术研究力量聚集之地，因此，除了个人作者之外，高校是出版社学术出版的重要依托力量。书画社为保证学术出版始终处于专业的前沿，在艺术学界总体学术资源相对匮乏的大背景下，我们紧盯一些专业院校和研究机构，开展产、学、研一体化的合作，尤其是具有"高峰高原"象征的国家级重点课题项目。在这一方向的指导下，书画社先后与北京大学、清华大学、中央美院、中国美院、广州美院、上大美院等院校展开合作，出版了"西方早期中国艺术史译丛""日本中国绘画研究译丛""中国美术研究丛书""中央美术学院美术馆馆藏精品大系"、《王逊美术史论集》等一批重大选题。最为重要的，是开掘了多个各具特色的美术出版内容和学术研究资源，赢得了一批学术力量持续的支持，形成新的出版板块。

3. 加强馆藏机构资源的开掘

艺术研究离不开艺术品及与之相关之物质载体的存在，而这些艺术资源散布在以博物馆、美术馆、图书馆为主的社会机构之中，这些文化艺术机构也拥有着自己的研究力量。因此加强与国内外博物馆等文化艺术机构的合作，是艺术类出版社学术出版不可忽视的重要工作之一。书画社先后与国家图书馆、故宫博物院、上海博物馆、上海图书馆、浙江博物馆、清华大学美术馆、中央美院美术馆，以及日本东京国立博物馆、美国佛利尔美术馆、大都会艺术博物馆、旧金山亚洲艺术博物馆等等世界级馆藏机构进行深度合作，出版了大量馆藏精品、

展览图录和研究论文集，使得深藏库房的艺术珍品随书画社的
各种出版物飞入寻常读者家中，极大方便了学者对这些艺术
资源的有效利用。"十二五""十三五"期间，书画社与海内外
五十余家各类馆藏机构合作，出版各种出版物超过五百种。这
些出版物图像拍摄专业、印制精美，满足了艺术鉴赏的要求；
更因内容富有学术含量，展现了书画社的学术出版品格，大大
加强了书画社的国际影响力和品牌价值。

4. 优质编辑是优质学术出版的保障

除了外在因素，出版社内在因素同样重要，学术出版需
要出版社拥有一支高素质的编校队伍。长期以来，美术社的人
才来源复杂，部分编辑的学术训练不足，以这样一支队伍来从
事学术出版工作显然困难重重。书画社虽然长期重视学术出
版，但这一问题依然突出。从"十二五"开始，书画社不断通
过各种途径补充优质人才，如今已基本形成了一支结构合理的
高素质编辑队伍，他们分别来自著名高校的艺术、中文、历史
或古典文献等专业，并依知识体系被分在各有专业方向的编辑
部中。经过多年的新老传帮带，许多编辑都拥有了共同的专业
出版理念和驾驭学术出版的能力。出版社通过各种研讨、培
训和讲座，不断强调专业与品质的关系，使得全体编辑都将
专业知识和学术规范的把守，自觉地运用在每一部书稿的
处理中。社里还制订考核机制，鼓励编辑立足长远，增强

自信，充分发挥专业平台和品牌优势，聚合优势学术出版资源，善于转化学术出版的社会和经济效益。出版社只有拥有了一支高素质的编辑队伍，才能承担起学术出版的重任，实现做优学术出版的理想。

5.建设学术出版中心，为国家文化战略服务

2016年，为加强在书法领域的出版优势，在上海市新闻出版局的支持下，书画社正式成立"书法研究出版中心"。书画社作为一家历史悠久的以中国书画艺术为方向的专业出版社，新中国成立以后的书法研究、爱好者无不受书画社出版物的影响，目前活跃在中国当代书法界一线的书法家、学者和书法工作者，大都得益于书画社的出版物，书画社堪称是中国当代书法研究的摇篮。书法研究出版中心的成立，旨在加强《书法》《书法研究》杂志的学术平台作用，聚合更多海内外优秀作者，整合社内分散在不同编辑部的书法编辑力量，给予更多激励机制，不断补充后备力量，规划专业内的学术出版内涵和选题方向。中心建立后的五年时间里，发起和举行了多次学术研讨会议；期刊的学术论文质量进一步得到提升，复刊五年的《书法研究》进入C刊（扩展版）；围绕中心选题规划，出版了一批对书法学界具有重要影响的学术图书，如《中国书法史绎》《海派代表篆刻家系列作品集》《上海千年书法图史》《简帛书法大系》《当代实力书家讲坛》等等，均获

得专业内外的奖项。中心的建设成为书画社学术出版的又一重要的支撑。

书画社还将建设以艺术史为主体方向的新学术出版中心，以推动更广中国艺术领域的重大课题研究，做好国家层面的五年出版规划和古籍出版十年规划，将中心建设成能为国家文化战略服务、代表国家水平、世界一流、海内外瞩目的学术出版高地。

五、学术出版要赋能专业出版核心竞争力

做好学术出版，并不仅仅是为了做几本好书，搏小圈子的一阵掌声，而是为了专业出版社健康、可持续发展，这是我们重视学术出版、做强学术出版的终极目标。因此，学术出版各项工作，须时刻与出版社如何做强相联系，要为专业社核心竞争力赋能。

1. 为出版社积累优质作者和内容资源

专业社出版的图书，容易获得本专业内读者的信任，这来源于读者对出版单位专业分工的信赖，因此必须发挥好这种天然的条件，为赢得更大市场而做强专业。学术出版可以为专业社内容品质提供重要保护屏障，专业社应发挥好学术出版的特性，为自己的发展源源不断地提供优质作者

和内容资源。

2. 为专业社形成对内容的提升和再造能力

专业出版社需要根据专业定位来组建编辑团队，并依靠他们在学术出版的过程中判断、把控各种书稿的专业水平，而书稿的水准正是读者衡量专业出版品质的标尺。学术出版还将刺激编辑的创造力，进行更多的自主版权开发。书画社主动开发的自主版权作品，每年都达到20%以上，这部分图书构成了重版书的半壁江山，为出版社的可持续发展贡献了重要力量。

3. 以学术出版特色强化专业社品牌形象

学术出版是一个宽泛的概念，即使是在专业出版范围内，仍然需要对其有重点方向的确定，以便集中优势力量予以重点突破，进而形成自身的学术出版特色。而专业社所具有的鲜明特性，很大一部分来自其学术出版的取向，这种取向又与出版社的历史维度相关联。书画社正是在这样的维度和取向中形成了出版特色。在长期的出版历程中，书画社努力以自己的视线分析出版形势、学术动态和读者阅读需求，形成了鲜明出版特色，在近十年中主要围绕海派艺术、艺术史（鉴藏史）、碑帖金石、艺术文献这四大方向进行了高水准集群式的出版，由此强化了书画社的专业品牌形象，打造了自己的学术品格，赢得了学界和广大艺术类图书读者的普遍关注。

4.学术图书也能成为专业社经济效益的重要组成部分

除了优质选题，学术出版面临的最大问题，就是相关图书销售不畅，出版社饱受销售迟缓甚至滞销的困扰。近年来实体店萎缩严重，网店折扣战不停，读者偏向手机（电子）阅读，这些情况致使专业出版社陷入一个更加不利的经营环境。

经过长期的努力，书画社对图书营销与发行工作做了大量探索，尝试从以上一系列因素导致的销售困境中突围。我们分析，专业出版因内容细分而导致市场细分，读者往往小众而挑剔。在现在网络发达的背景下，一方面，读者购书更加便捷，不会因图书品种浩繁或渠道不畅而无从购到需要的书，而另一方面，又因信息泛滥而导致读者良莠莫辨，极易受到干扰而错失或放弃购书。因此专业社的图书营销工作，必须把握好不同选题的特质，找到更多销售渠道，拿出不同的销售策略来。精准的营销，显得比以往任何时候都重要。

我们判断，在当今的这种图书市场环境下，学术图书因内容不同可归为三种命运：一种是因不断有阅读需求而进入常销书之列，这是优质学术图书的市场表现；一种是因上市时极受关注而销售飙升，然后进入平稳销售，这是由社会关注度（或热点）引起专业外围读者购买的学术著作；还有一种，就是题材仅对学术界有价值，这类图书读者需求少，销售更少。我们在选题论证之时，就将选题的未来命运进行了归类，要求编辑部对这三种流向选题的内容和形态进行更有针对性的塑造，以使图书进入市场有更精准的定位和更高的辨识度。进入发稿阶段，就要对图书制订分级营销策略，对重点和有市场预期的图书，提前进行营销工作。进入发售阶段，则要求发行中心与编辑部、营销部一起制订销售方案，进行有目标有计划的行销工作，催化以上三种图书的最大市场效应。如今线上销售平台越来越多样化，使得精准营销的可能性大大增强，为专业图书尤其是学术图书改变动销迟缓命运带来前所未有的机遇。书画社利用自身公众号和各种新媒体进行营销联动，发挥自营店与各种平台的作用，探索新型图书销售模式，取得了良好的销售业绩，屡次创下二十四小时、四十八小时、一周、一月之内售罄专业图书的纪录。同时，还建立朵云书友会和天猫及微店购书群，凝聚核心读者，提高读者黏合度及复购率，大大提升了自营渠道的销售能力。与此同时，发行中心还针对不同销售渠道，采取不同销售策略，分层分级推动学术图书的发行工作，尤其加强了大型图书在专业书店和馆配渠道的运营，使得一些高码洋、短版学术书、工具书均取得了不错的销售成绩。2019年起，书画社连续进入"中国图书海外馆藏影响力出版100强"。专业图书，尤其是一些独家内容的学术图书，在当今的营销理念运作下也可以变成快销品、热销品，形成更多的常销品。学术出版长期以来面临的令人头疼的诸多问题，尤其是因内外库存积压而造成的资金流转困难问题，正在得到改观，实现了经济效益的提升。这毫无疑问是对专业社做好专业图书，尤其是学术图书的激励，使得学术出版不再是做标杆做摆设，而更是产品结构的有机构成，不仅在社会效益方面易于取得显著声誉，在经济效益方面也能成为出版社发展的有力推进器。

5.学术出版赋能专业出版的核心竞争力

学术出版能够为出版社赢得更多的是品牌和读者的认可。"十三五"期间，书画社进一步加强了学术出版的建设，出版的品种和品类进一步扩大，一些项目，以与历史文化、传统学术和现代研究方法更加融合的方式，为传统书画内涵的开掘和呈现方式注入新的活力；对具有重大文化价值、学术价值和学科前沿意义的课题，组织优势作者，进行系统、深入的研究并形成阶段性成果。书画社获得全国和各类专业奖项达八十余项，获得的各类国家和上海学术基金支持超过1700万元以上，专业优势进一步扩大。许多图书内容引发学界讨论进而激发社会媒体的广泛关注，如《吴昌硕全集》《上海城市地图集成》《克孜尔石窟壁画复原研究》等等。还有很多图书因更易为不同层次的读者所关注，而成为新媒体传播的内容贡献者，如方闻、石守谦、范景中等先生的著作，许多重大展览的图录，每每推出即成为热搜内容。

　　学术出版赢得的良好的社会美誉度和一定的经济效益，使得书画社的全体员工尤其是编辑十分自豪。他们加入到出版人行列，更多的是看重其文化属性和能从事与自己所学专业相关的工作，学术出版使他们提升了专业素养和业务能力，赢得了社内社外的尊重，感受到了读者对书画社及对自己工作的肯定，真正拥有了归属感。而这些都是建立在学术出版对各个环节的高要求之上，如对学术图书同样要求编辑做到全过程经营选题，而发行业务员则被要求更多地了解图书内容，赋予了他们更多营销职能。学术出版的成功是对大家所付出努力最好的肯定，因此，书画社上下形成了强调专业、尊崇学术的企业发展共识，所出版的图书都力求做到以雅正为品格、以学术为准绳的品质要求，从内容到形式都能够传递中国艺术的精神和趣味。学术出版成为书画社出版能力塑造和赢得专业内外广大读者认可的一把钥匙。

　　专业出版是出版内容和读者边界都相对清晰的定向出版工作。近十年来，书画社树立了做一流艺术出版的目标，以两个五年规划为契机，明确了以学术出版为高地，以专业图书和普及图书互为支撑，以教材、期刊为两翼的专业出版架构，力抓选题结构、编辑队伍、全员考核、编发营销一体化等工作，社会效益和经济效益更加同振合拍，产业规模进一步做大，专业出版影响力进一步做强。

做好学术出版的关键，是围绕做强出版社这个中心目标，有规划、有恒心、有品质地打造产品。书画社许多项目费时长久，最长的将近二十年。其中艺术文献、碑帖金石、海派艺术等选题由两任领导接力，前后用时十余年，收获了全方位成果，对海内外艺术文献、中国近现代艺术史、碑帖金石学的研究均产生了重要影响。这些成果都进一步强化了书画社的学术出版个性，从而形成与其他同行的差异化优势，为出版社核心竞争力赋能。

做好学术出版要克服的困难还有很多。例如，与同行在优质作者和内容资源方面的竞争问题。就书画社而言，原本稀缺的美术类学术资源竞争性更强，我们既要面对全国三十余家美术社的竞争，还要迎接更多非美术类出版社的挑战，而后者正以种种方式进入到这个专业领域，许多文史类、社科类、综合类出版社结合自身的特长和优势，不断挤压美术社的传统出版范围，这使得书画社学术出版的竞争成本大大增加。又如，出版人才问题。专业出版的人才培养和成才，往往需要多种因素的促成，更需要长期的培育和锻炼。书画社经十多年努力，虽然基本形成良性的人才结构，但仍然渴求在艺术、文史、出版诸方面都有天赋的高素质复合型人才，这种人才不仅仅是编校岗位所需，在营销、发行岗位，也是如此。只有出版社业务部门的整体人员素质都得到提升，专业社的发展才能动力平衡，实现有力的可持续发展。

解决好学术出版面临的各种问题，将学术出版变为专业社核心竞争力的重要组成部分，传统的专业社或许不仅能增强"武功"，更能以优质品质、深度内容和工匠精神，来应对现代网络传播技术带来的以快餐、浅表、碎片化为特征的行业危机。对专业社而言，学术出版，或许是传统出版赖以立足的最后阵地。因此，专业出版社一定要专心做好学术出版工作。在已经开启的"十四五"时期，书画社应更好地秉承长期以来的优良传统，总结好六十多年发展的经验教训；在学术出版方面更要做到立足专业、深耕专业，将满足和引领不同层次的读者阅读需求，推进当代艺术和学术的繁荣视作自己的职责，书写书画社出版事业新的翰墨华章。

（2021年10月10日）

做有文化底蕴学术支撑的艺术出版

　　上海书画出版社渊源于有着百年历史的朵云轩，以1960年重建朵云轩并建立木版水印编辑部为标志，开启了现代出版事业；1978年改名为上海书画出版社，同时沿用朵云轩品牌。在此后的三十多年间，书画社朵云轩一体两翼，在艺术出版和艺术品经营相结合的艺术文化全产业链轨道上得到了长足的发展。2009年，在上级集团的部署下，朵云轩及其下属艺术品经营公司从书画社分离，书画社全力专注出版主业。

　　肇建之初，书画社以木版水印技艺为手段，主要复制历代名家书画。二十世纪七十年代起，先后刊刻出版了《十竹斋书画谱》《萝轩变古笺谱》《徐渭杂花图卷》等作品，并屡获国际国内大奖。此外还刊刻了《共产党宣言》《楚辞集注》《稼轩长短句》等线装书，成为现代雕版书的代表之作。长期以来，木版水印成为了书画社朵云轩的出版特色，而其技艺则于2008年成功获批为中国非物质文化遗产项目。

　　改革开放后，以书画社更名和《书法》杂志创办为标志，书画社加快了出版现代化建设的步伐。《书法》杂志试刊于1978年，正式创刊于1979年，成为对当代书法复兴和繁荣起到巨大作用的全国第一本专业刊物。进入上世纪八十年代，书画社通过对选题的不断构画和出版，以及《书法研究》《朵云》《书与画》等专业期刊的相继创办，使得产品大大丰富，传播力大大增强，以中国书画艺术为方向的专业出版逐渐走向成熟。

　　今天，上海书画出版社走过了六十年的历程。几代出版人以传承和弘扬中国优秀的文化和艺术精神为使命，以前赴后继的努力，建构起以学术出版为高地，以专业图书和普及图书互为支撑，以教材、期刊为两翼的专业出版架构。六十年来，书画社出版图书总计达7600种，在大型艺术图像文献集成、学术研究著作、字帖印谱画谱、画册、普及读物、工具书、教材和专业期刊等方面形成了自己的特色。书画社出版的大量图书成为读者的案头常备，对国家的文化艺术建设，对几代读者的成长产生了深远的影响。

　　出版具有文化积累和学术建设意义的大型项目，往往是对一个出版社实力和能力的检验，对落实国家文化发展战略和自身长远发展有着重要意义。长期以来，书画社在构建有高度有深度的大型项目方面不断耕耘，出版了蔚为可观的众多文化艺术工程级出版物。许多项目都是费时长久，最长的费时几近二十年。上世纪八十年代以《中国美术全集·书法卷》《中国美术分类全集·中国篆刻玺印全集》等为代表，九十年代以《中国书画全书》《中国历代艺术·书法篆刻编》、"明清名家书法大成"等为代表；进入二十一世纪，以《海上绘画全集》、"海派书法家代表系列作品集"、《藏传佛教艺术发展史》等为代表。

2010年起，书画社通过打造"十二五"和"十三五"规划，重点策动一批大型项目，使得国家重点出版项目数量跃为全国美术类出版社第一。这些选题以重大学术成果和珍稀艺术文献、图像为主体，大大强壮了书画社的骨骼，进一步建构起专业出版的标杆，稳固了书画社的出版根基。其中已经出版有《海派绘画大系》《董其昌全集》《吴昌硕全集》《海派百年代表画家系列作品集》《海派篆刻家代表系列作品集》《张珩文集·木雁斋书画鉴赏笔记》《凡·高书信全集》《中国书法史绎》《金石学稿钞本集成》《民国书画金石报刊集成》《中国近现代美术期刊集成》《中国近代艺术文献丛刊》《上海城市地图集成》《上海图书馆善本碑帖综录》《中央美术学院美术馆藏精品大系》《国家图书馆藏青铜器全形拓集成》等等重大项目，至今年年底，还将有多项国家项目竣成。其中，海派艺术选题由两任领导接力完成，前后用时十余年，实现了全方位出版成果，对中国近现代美术史研究产生了重要影响，书画社由此成为海派艺术出版的重镇。

　　专业出版社的影响力，除了重大出版工程项目外，还体现在学术出版的能力上。书画社一直致力于积极出版优秀学术成果，助推艺术学术界的当代建设，尤其是发挥学术期刊如《朵云》《书法研究》等的重要平台作用，书刊互动，召开了多次国际学术研讨会，聚合了一批海内外学者，出版了多部论文集，引领了学术研究。近十年来，书画社更加开放视野，关注学术和学科动向，聚焦艺术史、鉴藏史研究，聚合一批海内外一流学者，出版了《方闻中国艺术史著作全编》《傅申中国书画鉴定论著全编》《中国文人画史》《中国书法史绎》、"艺术史界""艺术与鉴藏""中国美术研究"等系列图书。这些具有标杆意义的学术著作的集群式出版，进一步加强了书画社的号召力和影响力，取得了专业出版的制高点。

　　艺术画册是艺术出版的一个重要门类，书画社长期重视具有研究意义的艺术图像图书的编辑出版，出版了大量机构和个人艺术画册，其内容涉及中外艺术各个门类。书画社还发挥所长，与许多博物馆美术馆等机构合作，出版了大量馆藏和展览图录，极受学界和藏家读者的欢迎，如《晋唐宋元书画国宝特集》《周秦汉唐文明特集》《丹青宝筏：董其昌书画艺术特集》《殷墟青铜器全形拓精粹》等等。而如《锦绣文章——中国历代装饰纹样》《怀袖雅物——苏州折扇》《缥缃流彩：上海图书馆藏中国古代书籍装潢艺术》等图册，不仅内容独具，且因整体装帧与内容相得益彰而大受读者欢迎。

　　中国的古籍浩如烟海，书画艺术又与传统典籍渊源极深，故艺术文献的出版，是书画社彰显特色的重要出版工作。早在1979年，书画社就约请华师大古籍所整理编选了《历代书法论文选》，对历代书法理论的研究起到了极大的帮助作用。此后又出版了《历代书法论文选续编》和《现代书法论文选》，出版了点校本"中国书学丛书"。1992年起，书画社开始出版《中国书画全书》，这是一部纵贯千年、横集百家的大型书画文献集成，对古代书画史书画理论的研究起到了不容忽视的作用。2018年起，书画社以"中国书画基本丛书"为框架，以最新古籍整理规范为标准，再度启动古代书画文献的整理出版工作，这将是书画社又一项大型艺术文献的基础性出版工程。

　　除了古代书画文献之外，近十年来，书画社还特别重视对明清以来，尤其是近现代的艺术文献的整理出版，出版了"书画名家年谱大系"、《民国书画金石报刊集成》《近现代美术期刊集成》《中国近代艺术文献丛刊·美术卷》。书画社还将视线投向世界，出版了《凡·高书信全集》中文版，实现了书画社出版内容和版权贸易的重大突破，大大提升了书画社的国际化程度。

　　从创建之始起，书画社即将书画艺术的当代普及和提高视为出版社最为重要的职责，而普及和提高的基础内容之一，

《凡·高书信全集》书影

就是字帖、印谱、画谱。其中字帖的出版是大宗，其群众基础最广泛，专业读者需求也最多，因此书画社始终将字帖的出版视作基本盘。上世纪七十年代，书画社出版新编书法字帖，并以珂罗版和胶印技艺提高产能，大大满足了大众读者的需求。至八十年代，书画社推出《中学生字帖》《书法自学丛帖》《历代法书萃英》等，形成了适应不同层次、不同区域读者需求的组合，对当时的书法学习和研究产生巨大作用。进入二十一世纪，书画社字帖出版继续向纵深迈进，出版了《中国碑帖经典》《中国墨迹经典》等系列。其中《中国碑帖经典》曾由前国家主席胡锦涛作为国礼赠送耶鲁大学，成为书画社书法编辑的骄傲。书法字帖的专业化、连续性出版，成为了书画社图书的品牌之一。

2016年，书画社费时五年出齐"中国碑帖名品"系列图书一百种。这套丛帖以全新理念，打造版本珍稀、选目系统、文本释读、百种规模、全彩精印五大特点，成为字帖系列的新旗舰，赢得书界广泛赞许，被各大书法专业院系指定为教学范本。截至当下，已累计销售超过300万册，销售码洋1.4亿元。这套丛帖的成功，除了五大特点外，最主要的原因是品质的极大提升和中国传统文化底蕴的有力注入，成为新时期书画社图书内容特色的代表。"中国碑帖名品"不仅将书画社书法字帖的出版提升到一个全新的阶段，而且以专业品质引领了字帖出版风向，稳固了书画社在读者心目中的地位。

书画社是我国最早出版新编印谱的出版社，上世纪七十年代出版有《现代篆刻选辑》《新印谱》，此后《赵之谦印谱》《吴让之印谱》《吴昌硕印谱》《明清篆刻流派印谱》《十钟山房印举选》《上海博物馆藏印选》等，均影响巨大。及至近十年，书画社约请韩天衡主编的《篆刻三百品》，创出经典篆刻师法和赏析相结合的印谱新范例。此后，书画社利用新资源和新印制条件，出版了"袖珍印馆""珍本印谱丛刊"和"朵云真赏苑·珍石名印"等系列图书，均引领了当今印谱鉴赏的潮流。

画谱的刊行历史悠久，大大方便了普通民众对绘画技艺的学习。书画社延续了这一传统，利用木版水印、珂罗版、胶印及洋装、线装、卷轴册页等印制、装订方法，出版了大量规模不等的画谱画页。其中2003年出版的"国宝在线"系列广受绘画读者的欢迎。2017年出版的"中国绘画名品"系列，不仅在选品和图像品质上进一步提升，更在解读绘画内容、引导读者赏鉴方面，作出可贵的努力，成为一部体现中国绘画史脉络，适宜多方位学习、研究历代经典的系统图库。

相对于整个出版范围来说，艺术出版属于小众出版，但我们同样担负着普及艺术、服务大众的使命。长期以来，书画社为满足广大读者对美的追求，帮助读者提升对审美和绘画技能的认知，出版了大量面向大众的图书。书法如"书法知识丛书""书法入门十八法""大师私淑坊"，篆刻如"历代印章精粹"，绘画如"中国画技法入门""艺术100""名作抉微""西方绘画技法经典教程"等系列，均产生颇为广泛的影响。

随着经济文化的发展，人们通过更多的途径与艺术发生关系，产生了众多艺术素养甚高的读者群。为满足这部分读者的需求，书画社丰富了艺术图书的品类，在普及图书中注入了更多的专业内容，如出版了"中国绘画通鉴系列"。近十年来，书画社加大了对这类图书的开发，更加注重表述的深入浅出，在内涵中注入学术含量和人文关怀，提升艺术品味，如出版了"朵云名家讲堂""海上题襟"、《艺术与文明：西方艺术史》《交织的目光》等等。

工具书的出版也是书画社的一个特色，涵盖了学习实用型和研究型的不同需求，许多都是读者案头必备，如《常用字字帖》《中国印学年表》、"中国书法大字典"系列、《中国画历代名家技法图典》《近现代书画家款印综汇》《中国画学著作考录》《中国书画文献索引》《中国书法大事年表》《民国书法篆刻辞典》等等。

书画社是全国最早介入艺术教育出版领域的专业社，出版的许多教材或列为全国教材，或被地方使用，为促进学生提高美育素养、获得全面发展，发挥了应有作用。"二期"课改后，书画社教材被使用的种类和份额有所改变，但仍有中小学《美术》《美术欣赏》《书法练习指导》（硬笔部分）、《书法》等教材在上海及其他省市使用。2020年，书画社高中《美术》教材通过教育部审核，再度获得全国使用资质，取得重要突破。

书画艺术是中国传统艺术最重要的代表之一，以"书画"命名的出版社全国仅上海书画出版社一家，我们为能鲜明地承担起弘扬中国书画艺术这份伟大遗产的使命而骄傲。经过几代出版人辛勤耕耘，在读者、作者和各界同道的浇灌呵护下，六十年来，书画社已成长为一棵大树，她枝繁叶茂、硕果累累，既有深度，又有高度；既有宽度，也有厚度。

这个深度，就是她扎根于五千年博大精深的中华文化中，汲取着无尽的养料，因此，书画社的图书都包含着浓厚的中国文化底蕴和鲜明的中华民族审美印记。

所谓高度，就是书画社始终以专业立社，以学术出版为制高点，既及时反映学术动向，又引领学术发展；既与海内外一流学者和重要机构保持合作，更在国家重点出版战略层面积极发挥作用，并以一支结构完整的专业编辑队伍，保障了学术出版的品质和公认的优势地位。2016年，书画社成立了"书法研究出版中心"，进一步加强了专业出版的核心优势。

宽度，是指书画社出版内容边际、出版效应的扩大。书画艺术始终是书画社的核心出版内容，但随着学科的发展，研究中国书画的材料和方法愈加丰富和多元，读者探知中国传统艺术的角度也趋于多向，书画社的出版边际也在变化，出版内容从核心出发，以中国文化艺术为半径，向世界经典艺术延伸。与此同时，书画社将自己定位在促进世界文化艺术交流的坐标上，国际合作日益紧密，版权贸易不断增强，"走出去"项目屡有突破。2020年在"中国图书海外馆藏影响力出版100强"机构排名中，书画社列全国美术出版社第一。

厚度，是指六十年的出版物累积，尤其是大型出版项目的累积，使得书画社的内容资源日益丰厚。其中，艺术图像和文献尤为丰厚，为书画社长久的专业出版提供了有力后劲；与此同时，书画社还不断加强编辑自身原创的内容生产，凸显了书画社的全版权优势。

风雨六十年，在长期的出版历程中，书画社努力以自己的视线分析出版形势的变幻和读者的阅读需求，克服困难，不断探索，形成了自己的鲜明出版特色。

特色之一，是选题完备，业态联动。

六十年的出版历程，使书画社拥有了完备的专业图书结构和图书、期刊、教材全出版产业链，常销的产品品种达到一千六百种以上，该者对书画艺术的各种内容需求，都可以在书画社得到一站式的满足。如易读宜赏的产品就有"中国碑帖名品""中国绘画名品"，规模都达到了百种。同时，书画社在图书、期刊、教材各阵营长期坚守，不断升级，形成迭代效应，培养和稳固了一代代热爱书画艺术的读者，形成巨大品牌影响力。近十年来，书画社加强了板块互动，增强了现代营销手段，激发出更大的联动效应，促使书画类图书长期保持市场占有率在全国名列前茅。

特色之二，是品格雅正，品质上乘。

书画社不断以学术为准绳，视品质为生命，把代表中国艺术正脉的精神品格和趣味取向融汇在图书的内容和形式之中，拒绝低俗、平庸和同质，赢得了广大读者的信任。

特色之三，是内容独具，选题细分。

书画社始终立足专业，深耕专业，将满足和引领不同层次读者的阅读需求，视作自己事业的追求。多层次的选题布局成为书画社图书产品的重要特征。六十年中，尤其是改革开放四十年来，艺术读者的阅读需求和风尚发生天翻地覆的变化，书画社以专业的眼光和不断更新的理念，通过细分读者需求，以原创性选题的开发和传统选题的升级换代，建立了多层级的选题架构，使小众的艺术出版充满了活力。

特色之四，是名家辈出，名作荟萃。

六十年来，书画社通过学术期刊平台建设和重要选题、活动的策动，汇聚了一大批一流的海内外学者和艺术名家，也为许多作者走上专业的发展道路创造了舞台，由此产生的文章著述、艺术作品，共同推进了当代的艺术和学术的繁荣，众多重要出版物，成为读者称道、学界公认的名作，它们汇成了书画社出版历史上一道道亮丽的风景。

六十年来，上海书画出版社以传承和弘扬中国优秀的传统艺术为使命，面对不断变化的出版形势，始终没有停下勇立潮头、敢于超越的脚步。近十年来，书画社以争创一流艺术出版为目标，全力聚焦出版主业，提出以品牌和专业为抓手，先后对编辑、发行等各业务环节进行了机制改革，加强了团队建设和图书选题锻造，收获了大批国家级和专业级的图书奖项，荣膺"中国出版政府奖先进出版单位"，连续多年排名全国美术出版社总产值第一，连续多年获得市级文明单位称号。书画社迈在了全国艺术专业出版社的前列。

翰墨底蕴，凝聚了历史的过去；翰墨情缘，孕育着未来的期望。面对新时代、新挑战，书画社将继续以读者信任为激励，以品牌和荣誉为感召，围绕提升品牌影响力、提高核心竞争力、增强企业凝聚力，加快融合转型步伐，进一步做优专业品质、做大产业格局，肩负起中华民族伟大复兴的历史使命，在传统与现代的交响中乘风破浪，奋勇前行！

（本文为《上海书画出版社六十年出版总目》前言，
2020年，上海书画出版社）

做有文化底蕴的书法出版

在国家新闻出版广电总局公布的《2014年新闻出版产业分析报告》中，上海书画出版社分别位列全国地方图书出版单位总体经济规模综合排名第六和美术类出版单位排名第一；近年来，上海书画出版社更是在书法领域出版了大量为读者所称道的好书，这些都是赖于书画社同仁们做出的可贵努力。一家传统型出版社应如何保持生命力，获得可持续发展，并在艺术领域，尤其是书法领域产生重要影响力呢？

为读者所想，不断发挥专业引领作用

长期以来，"书法"一直是上海书画出版社的核心，其内容涵盖书法字帖、书法技法、书法教育、书法文献、书法工具书、书法研究等各个方面，可谓是全层次、全覆盖。而新中国成立以后成长起来的书法研究、爱好者，或许很少有不受书画社出版物影响的。我们还注意到，目前活跃在中国当代书法界一线的书法家，几乎都是从书画社最早举办的全国书法篆刻大赛中走出来的。书学界视书画社为中国当代书法家和书学研究者的摇篮。

我于2009年9月起主持上海书画出版社的工作。之所以来到书画社，正是深感于书画社与当代书法有着深厚的历史渊源，以及长期以来所发挥的专业引领作用。我的新工作，就是从"引领"二字入手的。

在书画社，书法字帖与读者关联度最大，是书画社书法类图书的最大阵营，也是口碑最好、影响力最大的板块。书画社历史渊源的标志之一，就是字帖出版，它是书画社的老品牌，曾经的《中学生字帖》至今犹畅销不衰。"中国碑帖经典"自2000年出版，累计印数达五百万册以上，曾作为国礼由前国家主席胡锦涛赠送耶鲁大学。但因种种原因，这些字帖已不能完全满足新时代读者的需求，为保持字帖出版的优势，书画社要在老品牌的基础上，给其注入新的生命。

经过精心策划，书画社集社内优势力量和资源，从2011年开始，以五年时间倾力打造出"中国碑帖名品"。这一新丛帖甫一出版，便以版本珍稀、选目系统、文本释读、百种规模、印制精美等特点，适应了书法爱好者的新需求，成为书画社字帖产品的新旗舰，赢得读者交口赞誉。读者心里明白，这五个特点要整体做到，是对出版者提出的极高要求。字帖的出版，在一般人眼里是为牟利而去，出版者不会给自己套一个紧箍咒，但"中国碑帖名品"立足系统观照整个书法史进程，坚持高品质、高附加值，与书店里铺天盖地的字帖形成巨大反差，因而吸引了越来越多读者的目光。许多书法教师立刻注意到了"中国碑帖名品"，专门指定学生要用这套丛帖。这套丛帖出版时间前后长达五年，以"认真"二字树立了形象。新品定在每年的上海书展亮相，竟成为读者热议、追捧的对象。"中国碑帖名品"的高品质得到了专业人士和爱好者两方面的认可，其特有的红色封面，无论在书店书柜，还是书家桌案上，已然成为一道风景，被读者亲切称为"字帖大红袍"。这一套丛帖开启了人们读帖临帖的全新体验。

　　字帖之外，印谱出版也是书画社的一个传统。书画社二十世纪七八十年代出版的《赵之谦印谱》《吴昌硕印谱》等数种，以编选精要、规模适中而流布极广，至今犹在重版。我们抓住当下篆刻读者群体发生变化的特点，仔细分析他们的需求，积四年时间，推出"袖珍印馆"二十种，精选近现代名家篆刻，除黄士陵、吴昌硕、齐白石、王福庵这些广为人知的大家之外，更收入了韩登安、唐醉石、赵古泥、钟以敬、易大厂等一批各有成就的篆刻名家，恰好补上了现在篆刻界和收藏家对近现代篆刻增进了解的需求。"袖珍印馆"同样连续四年在上海书展上首发，读者排长队购买签名本，每次都创下签售纪录。小众印谱出版产生如此的轰动效应，以至媒体和书展主办方都高度关注，这也再次展现了书画社的前瞻眼光和专业引领能力。

为读者所用，精准读者定位

近年来，传统出版遭遇了很多问题，读者在新媒体的冲击下分流甚至流失。但书画社并没有因此而忽视读者的多元需求，书画社上下一致认为：越是出现这种境遇，越需要服务好读者。我们根据不同读者的阅读需求和经济承受能力，对字帖读物进行了差异化的产品分层，分出入门级、普及级、提高级和专业级四个层次，再细化需求特征，如字帖的出版就分别以"中国书法宝库""中国碑帖经典""中国碑帖名品"、《中国书法精粹》进行统领，再衍生出相配套的技法解析读物和工具书，以满足不同层次读者的使用需求。这四大系列的内容选择、附加值和定价等方面都有显著的不同，尤其是近年来老年读者的需求，在普及与提高这两个层面，都有较大增加，因此书画社先后开发出《书法入门十八法》《名家名帖部首入门教程》等，后一系列被国家新闻出版广电总局定为"2015年向全国老年人推荐优秀出版物图书"。

专业的出版社必须立足专业，不能因专业读者的量少而忽视他们的需求。"当代名家名帖批注本"就是为专业级读者提供的读本。书法极重临古，但如何才能见微知著，取法乎上？向名家学习是历代学书者重要的途径，因此书画社采用名家批注的形式，让专家以批注的方式在细微处传送临帖与读帖心得。首辑六种已上市，所选作者往往毕生专注一帖，批注所论或画龙点睛，或意味深长，使很多问题昭然若揭，对具有一定理解能力的读者具有重要启悟作用。

诸如这种多层级的选题架构，不仅符合现代精准营销的理念，更重要的是最大限度地与当代各层次的书法爱好者实现了有力关联，这是发展和维护书画社读者群的一个重要手段。

看来，薄薄的字帖的出版，也暗含一些深意，字帖的分层开发，代表了书画社对专业出版的认识。

夯实专业基础，占据出版制高点

多年以来，艺术类图书出版中的一个重要现象，是重创作轻理论，重观念发挥轻学术规范，更缺乏对基础文献和相关学科发展的学习和利用。这与长期以来艺术教学和理论研究的倾向性有关，也与出版推动不足有关。学术要发展，基础在文献。二十世纪九十年代书画社出版的《中国书画全书》已成为书画学者的案头必备，《历代书法论文选》则名列中国人文社科图书学术影响力排行榜艺术图书第一位，这些无不说明文献整理出版的重要性。但现实的情况是，社会和出版社十分缺乏具有文献整理能力的人才。要推动学科发展，必须夯实专业基础，这个基础，就是艺术文献。为此，书画社的编辑们在"十二五"期间先后整理出版了《赵孟頫文集》《董其昌全集》《木雁斋书画鉴赏笔记》《金石学稿钞本集成》《民国书画金石报刊集成》等一批重要文献。

在过去，文献的整理出版一般都是古籍出版社担纲的多，因为古籍出版自有一套严格的规范和大量学识储备的要求。但古籍出版社承担的多为文史大家或知名作品的整理出版，艺术门类的一流大家，即便如董其昌、文徵明，也未必能放置于古籍社的重要规划中。然而对书画领域来说，董其昌绝对是大家，在他的存世文献中，虽有相当一部分文献与艺术不完全相关，但从整体性考量，艺术史研究者无法绕开。因此，全面整理董其昌的全部文献实属必要。《董其昌全集》计三百多万字，书画社一方面邀约古籍整理专家主持其事，另一方面，又着手培养有艺术文献训练背景的编辑参与，前后费时五年多，终于在董氏身后三百余年，首次完成对其著述最完整的汇集和整理工作，次年该书即获全国古籍整理优秀图书奖一等奖。

　　仅隔一年，书画社又推出一部三百万字的大书——著名书画鉴定专家张珩先生的《木雁斋书画鉴赏笔记》标点整理本。这部著作著录了两晋隋唐以降书画作品2192件，基本囊括了中国古代最具代表性的优秀书画作品。张珩在书中集前人之大成，著录中蕴含着丰富的专业知识和文化信息，并参以个人鉴定心得，对中国现代书画鉴定学的建构具有奠基性的作用。但是这样一部著作，因无句读和字迹不清，给使用者带来不少困扰。正是洞悉了该书的重要价值，我们决心组织力量，对张珩原著进行点校整理。这项工作一做四载，多位艺术文献专家和编辑小组克服了重重困难，终于在张珩百年诞辰之时出版了全新标点整理本。此书在全国美术优秀图书奖评比中荣获金奖。

　　近年来，在丰富的史料和文献出版的基础上，书画社的学术著作和工具书出版都得到进一步加强。

　　2014年，书画社出版了卢辅圣先生主编的《中国书法史绎》。该书以全新的视角和问题意识，统摄书法史上诸如风格、地域、流派，以及思想、文化、技法等各种交叉出现的问题，融汇了文化学、历史学、考古学等学科在书法史研究方面的成果，堪称是对传统书法研究的一个重要突破。该书一出版，即受到学界的好评，《中国书法》《书法》《书与画》《书法导报》等专业媒体给予高度关注。2015年，该书获得全国古籍整理优秀图书一等奖。

2012年，书画社出版了《中国书法大事年表》。这部工具书搜辑资料丰富完备，检索便捷，知识系统，不仅系入与书法发展相关的政治、社会、文化等信息，且对文学、文字学、金石学、书籍史、工具材料史，以及与书法有关的考古新发现和当代书学研究新成果等也广为采撷，使理论与史料兼顾、学术与艺术价值并举。该书内容全新，体量适中，填补了书法工具书的空缺，因而出版后不仅学术界反应热烈，更是深受院校书法教师和学生的欢迎。

一个专业出版社，它要在专业上有地位，必须突破普遍存在的现状瓶颈，去争取最优秀的作者资源。除上举之书外，书画社还出版了一批前沿性的学术著作，如《中国篆刻流派创新史》《王羲之〈十七帖〉汇考》《雅宜山色——王宠的人生与书法》《〈兰亭序〉研究史料集》《北宋书家丛考》《中国简帛书法艺术编年与研究》等，皆因具有重要学术含量而获奖，推动了当代书学建设。2014年颁发的"兰亭奖"理论奖，其中专著出版物一共十五种，书画社一家出版四种，遥居各出版社之首，这再次证明了书画社的专业制高点地位。

坚持精品战略，筑厚企业和产品的文化底蕴

在主持上海书画出版社工作之前，我曾任上海古籍出版

社副总编辑。上海古籍出版社一直被业内视为上海出版人才的输出重地，多年以来，其核心骨干常被输送到上海各家出版社出任社长或总编辑，沪上多家出版社都较为重现传统文化底蕴的积累，与此或不无关系。

初来书画社，我就美术类出版社的出版情况做了一定的调研，发现美术类出版社每年都会有一批重量级好书涌现，但出现的不和谐之音是图书的同质化。究其原因，是源于出版者对内容的浅表层认识，因此我认为书画社要突破图书同质化现象，应在图书内涵及其表现形态上下功夫。上海书画出版社的核心方向，与传统文化存在着难以分割的关联，书画社应充分利用好这个基因，深入挖掘书画艺术的文化底蕴，从而形成与其他美术社不同的风格。其实，这与当代书法创作所遭遇的困境是一样的。谁能沉浸于博大的传统文化之中，传统则必将给它带来新的生机，这就是文化的力量。书画出版也是如此。选题不是问题，问题是制作选题的人，这个人对传统文化理解有多深，选题的内涵就有多深。因此，作为一个专业出版社，其编辑要解决的一方面是专业知识，另一方面，就是传统文化素养。

文化素养是出版社或编辑间竞争的最终胜负手。对"中国碑帖名品"的出版，完全可以放弃一些内容组件，比如对碑帖内容的释读和注解，这绝对是一块不好啃的硬骨头，有的编辑就提出放弃这部分内容，理由是写字的人不会去看。但我最终说服了大家，其理由就是要增加字帖的文化内涵。"中国碑帖名品"出版后，事实证明这项内容不仅引导了书法临习者去关注字帖文本，还吸引了其他学科的爱好者，释读注解，让他们更容易进入碑帖内容，激发了他们对书法的兴趣。最为重要的，是"中国碑帖名品"其版本特质和知识产权，与其他各社字帖拉开了差距，这不是一般人可以抄袭得了的。

文化内涵的开掘，有可能是一套选题的又一重价值的再现。例如，前述之"袖珍印馆"为何会风行四年不衰，连媒体都会发出"冷门'袖珍印馆'，何成畅销书"的疑问，除了印花源自原打印谱、价格很接地气等原因之外，还不能忘了"袖珍"二字与印谱的渊源，丛书继承了最简洁、最经典的文人印谱形式，凸显印章精致之美；同时，编者有意以"袖珍"之形来营造一种穷极精密、珍赏把玩的情趣，让今天的读者接近了古人，涵泳在中国博大精深的传统文化海洋之中。

"十二五"期间，书画社每年都会推出二至三套大体量、成系列的艺术文献或书画作品合集，我将这种行为称之为出版社的固本之道，同时，也是选题集群开发和多层次开掘的资源库。这是出版社文化底蕴的重要方面。书画社一直将重点方向之一聚焦海派的书画艺术，从"十五"至"十二五"，书画社先后推出《海派绘画全集》《海派代表书法家系列作品集》

（荣获中国出版领域最高奖——中国出版政府奖）、《海派百年代表画家系列作品集》等大型系列，至"十三五"，还将推出《海派代表篆刻家系列作品集》《上海千年书法图史》《海派书法大系》等大型项目。这些积十数年之力、两代领导人一以贯之的出版规划，不仅是出版内容的积聚，更是书画社人文底蕴的再现。

　　加强书画社的传统底蕴，出版一批厚重的出版物是必须的，但更需要的是将这些底蕴与相关图书内容有机结合。为此，出版社一方面要在选题上与传统文化相融合，另一方面还要在成书载体上体现出来，比如说书画社的书法类图书，希望能做到由内而外的传统审美所推重的书卷气。在这个纸质图书危机渐近的时刻，编辑的素养和用心，将更多体现在争取读者的所有细节上。

以一流现代传媒为发展目标，为老品牌注入新生命

　　大家都知道，上海书画出版社有两个非常重要的刊物——《书法》和《书法研究》，这是书学界的两个重要阵地，也是书画社的两个重要品牌。《书法研究》的停刊，有当时社内社外的多方面原因。但经过两年的准备，书画社决心复刊《书法研究》。当年，《书法》和《书法研究》跟踪和引导了当时的书

法创作和学术发展，全国大量的书法人才多通过这两个杂志培养起来。这些老品牌的期刊都拥有可观的号召力，它们不仅成为学术交流的平台，也是出版社发掘作者的资源库。目前，《书法》杂志蒸蒸日上，但它与即将复刊的《书法研究》一样，都面临着新形势下转型发展和扩大影响力的问题。不过基于专业资源的开掘，出版社对它们的运作都抱有充足的信心。尤其是《书法研究》，这个由书画社创刊于1979年的中国当代第一本书法纯学术刊物，将以"独立思想，开放视野，严谨学风，昌明书学"为办刊宗旨，在学界深情而真挚的呼唤声中，在满腔热情和理性思考交汇之后，于2016年春回归中国当代书学阵地。

当然，书画社最大的品牌，毫无疑问是"朵云轩"，这个上海书画出版社的前身，其历史可追溯至光绪二十六年（1900）。而真正符合现代出版概念的出版社雏形，则发端于1960年。自2009年后，朵云轩从上海书画出版社裂变生成新的经营主体，专事艺术品拍卖和经营，上海书画出版社便与朵云轩在经营上分离，但两家百余年的血脉渊源是无法割弃的，我们将亲密携手，紧密联动，在专注做好各自主营业务的同时，整合资源，共同为"朵云"这个品牌灌注继承与发展的内涵，进而有力地促进彼此业态的长足发展。

在集团领导就书画社图书"用好朵云品牌"的指示下，

经过慎重酝酿，上海书画出版社将最高端、最着力打造的图书产品以"朵云"命名，以延续和扩展"朵云"在读者中的亲切感和影响力。书画社设计了"朵云名家翰墨""朵云文库"等多个延伸品牌，分别统领书画社现当代大家作品类和学术类两大产品线，其中"朵云名家翰墨"将出版书法、篆刻等大系，"朵云文库"将推出"学术经典""书画论丛"等系列，着力打造出版社的核心高端产品。目前，"朵云名家翰墨"篆刻大系已推出《沙孟海兰沙馆印式》《陈巨来安持精舍印集》《沙曼翁古木堂印选》《韩天衡豆庐印选》，书法大系已推出《沙曼翁》《周慧珺》等精品图书。

今后，"朵云"品牌将在图书领域以新方式锻造，并以出版的方式广泛传播，对书画社和朵云轩都将起到积极而巨大的品牌影响效应。

看出版社的家底，有的人看的是房子有多高，院子有多大，也有的人看的是书目和生产规模、产品线的建构。这两样东西上海书画出版社都有，但我最为看重的是品牌和专业力量。这十几年来，除了传统出版都面临的窘境外，书法图书市场也在发生着巨大变化，不进则退，这不是一句无关痛痒的话，再厚的底子都会迅速被消耗殆尽。所以，老品牌一定要注入新的生命。有着五十五年历史的上海书画出版社本身已然成为一个品牌，这个大品牌之下需要有更多的小品牌来发展和支撑。

上海书画出版社五十五年的历程，给读者印象深刻的许多重要图书历历在目。确实，长期以来，书画社以中国传统书画艺术为主体内容，坚持品牌战略，走精品路线，逐步形成了以大型图书为龙头，以学术著作为核心，以大众普及类图书为基础的多层级出版架构，书画社全体同仁的专业精神和文化追求，形成了不惧市场竞争的核心竞争力，成为书画社声誉不衰、经营向上的重要原因。

（《中国书法》，2015年第11期）

"中国碑帖名品"丛帖策划缘起

　　上海书画出版社是一家有着五十余年历史，专业出版中国传统书画读物的艺术出版社，其中字帖出版的影响最大。因此，书法板块一直是书画社出版内容的重中之重，书画社也凭借针对各种读者需求的书法出版物，长期占据全国书法篆刻类图书市场份额的第一把交椅。书画社的编辑们不断接力耕耘，留下了多套丛帖，影响了数代书法爱好者。这其中影响最大的有"历代名帖自学选本""历代法书萃英""中国碑帖经典"等多套大型丛帖，代表了书画社不同时期的出版追求。其中，尤以"中国碑帖经典"规模最大（一百种），影响最久，至今仍在不断重版中（最长一种前后近十五年）。长时期、大印量的字帖出版物，为书画社赢得了忠诚的读者群和极高的美誉度，成为了书画社图书主业板块中的品牌之一。

　　2009年我主持书画社工作之后，首先想到的就是要将书法板块进一步做强。但要不要增加字帖选题，成为大家争论的焦点，原因是经过多年的积累，书画社已经在书法图书方面达到了将近八百个品种，其中以"中国碑帖经典"最深入人心，新的选题会不会成功？即使成功，会不会对这些老选题产生冲击？当下图书市场竞争激烈、陷阱众多，新选题会不会落得出师不利、库存一堆的结局？对于这些问题，我们必须以审慎的态度加以对待，同时，更需对字帖类图书市场的当前格局做出严谨分析和客观判断。在做了大量的市场调研和多次探讨后，我们得出如下几点结论：

1. 出版业完全进入市场以后，尤其是进入了二十一世纪，字帖市场由书画社和文物社等少数几个老社独霸的局面早已不复存在，成批成套的字帖充斥市场，各种推销手段五花八门。书画社所面对的环境发生了重大变化，市场份额被大大削弱。

2. 书画社是老品牌，但多年未出有力度有创新面目的成套新品，市场关注度逐渐减弱，而现在的书店和读者往往喜新厌旧，我们依靠的只是回头客。

3. 随着经济的发展，人民生活水平的提高，读者对图书品质的要求也在大幅提高，一些出版社已开始用新的选目、精美的产品，改变以往重复而简陋的字帖面目。

4. 经过二十余年的培育，改革开放后成长起来的一批书法爱好者和专业人士，已不满足以往字帖从内容到装帧都很单

"中国碑帖名品"书影之一

一的形式，读者需求呈现多元的趋势。

基于以上的竞争格局和对书画社现状的分析，不进则退的危机显而易见。品牌是我们最大的优势，但品牌也要适时注入新的内涵，来提振市场的关注度和顾客的兴奋点，以焕发出版社的生命力。因此，要在新形势下巩固和提升书画社的市场占有率，必须要有新的举措。我们对整个市场上的字帖产品进行了重新评估，对社内产品做了读者对象更加明确的分层分析，决心以产品升级为切入，借鉴书画社历史上的成功经验，出版一套符合未来读者需求趋势的全新的大型丛帖。

但放眼图书市场，由于内涵少、门槛低、制作容易，字帖图书所面临的是模仿、抄袭、同质化现象严重的恶劣环境。新丛帖如何能脱颖而出，避免败走麦城？

"以专业打造品质，以品牌拓展市场"，这是我在二十多年的出版生涯中，渐渐深刻体会到的专业出版社经营、发展的两个核心要义。专业社必须守住专业，强化专业，做到各环节，尤其是人才和内容的专业化，以此形成品质保障；而品质保证了品牌的可信度和号召力，品牌将换取为巨大的市场价值。将专业化和品牌价值有机地运作好，应该是专业社抵抗风险、坐稳做强的保证。新丛帖的策划重点，我想仍然是要紧紧抓住这两个关键。

以品牌和专业为出发点，新丛帖的策划思路和内容设计，便逐渐清晰和具体起来。

一、格局和定位：以大格局、精品意识，打造我社字帖类选题的新旗舰

新丛帖将是未来十年书画社基础类选题的脊梁，应站在新时代的制高点上，以大格局和专业眼光，对内容和形式进行全方位的设计，要集合我社书法专业的优势，以编辑、制作各方面最强的力量，将新丛帖打造成统领我社不同读者层次、不同系列字帖的领航者；将主要读者确定为面向经济较发达地区的书法群体，那里是国家发展的方向，要敢于领先，超越同行，且坚持不懈，在相当长一段时间内，使丛帖成为同类图书最高品质的代表。

二、命名和规模：发扬品牌优势，保持品牌延续

我社历史上前后出版的多套丛帖影响几代书法爱好者，积淀了品牌优势。这种品牌优势一定程度上有赖于产品的持续开发，后续产品也应当借助历史的影响力，以打造新的高度。应认真总结编辑制作、营销发行等过程中的正反经验和教训，

将成功之处加以继承并强化，将不足缺憾及时克服和舍弃。新丛帖要满足读者对我社产品的期待，并报之以一定程度的惊喜，使书画社拥有传统延续、自我提升、不断进取的品牌品格。

"中国碑帖经典"是我社字帖最为成功的代表，更因曾作为胡锦涛出访赠送给国际友人的国礼而名声更盛。经过酝酿，我们把新丛帖命名为"中国碑帖名品"，规模也定在百种，一则是延续"中国碑帖经典"的品牌和规模效应，二则是借此向编辑前辈的辛勤付出致敬，是继往开来、百尺更进。

三、内容和品质：把握需求，利用专业和资源优势，实现产品的全面升级，再树行业标杆

1. 作品选目：演绎书法史

"中国碑帖经典"的选目是在丛帖不断出版的过程中形成的，达到百种而截止。这是历史上规模最大的一套丛帖，读者在学习成长中得到了前所未有的选择便利和集中的鉴赏研究的图像材料。"中国碑帖名品"延续百种的规模，不仅是简单的数量攀比，更重要的是延续了这种使用上的需求。因此，我们决定从书法发展史的角度，对各历史时期的书法名作，做一

次系统的梳理，以为新丛帖赋予更专业的编选意图，使入选作品更具有学习的典范意义和研究的史料价值。

2. 作品图像：取胜关键

（1）全彩印

随着读者消费能力的提高和对图像质量要求的提升，彩印逐渐成为图像类图书的新表现方式。但在字帖领域，出版社仍认为字帖就是低档读物，彩印没有这个必要。2006年，我曾利用与上海图书馆合作的机会，出版了《翰墨瑰宝·上海图书馆藏珍本碑帖丛刊》，率先尝试字帖的全彩印，获得业内的美誉。四年之后，我决心推动书画社字帖的升级换代，首要突破的，就是以亲民的价格，将整套丛帖以高品质进行图像全彩印制。

（2）高清晰

彩印，必须与高清晰图像相结合，才能成就高品质。但要这样做，首先面对的是图像资源匮乏的问题。长期以来，名迹珍拓仍被束之高阁，获取高品质的图像往往受到资源的限制。我们选目先行确立，无疑为自己戴上了镣铐，施展余地大受局限。要实现策划初衷，就必须突破条件制约。我们决心利用我社的各种资源，尤其是朵云轩藏品优势，联合上海图书馆等重要馆藏单位，大大提升图像品质，将难点转化成我们新丛帖的最大亮点，让读者认同彩印是物有所值的。

（3）珍本善拓

民国时期，字帖的出版一度达到非常丰富繁盛的局面，尤其是珂罗版技术的大量使用，以及众多珍本善拓的流出，为出版提供了很多方便。那个时期，珂罗版印品成为书画名迹最好品质的出版物。"中国碑帖经典"的印本来源，就主要采自珂罗版。随着朵云轩、上海图书馆等公私藏碑帖的整理开发，我社有条件直接用一手资源，将各种珍本善拓，包括题签题跋，完整地呈现给读者，其流传、版本信息均予以保存，字帖的鉴藏功能又得到了揭示。珍本云集，善拓荟萃，这成为"中国碑帖名品"最重要的特色。

3. 释读文字和内涵

字帖出版的另一个现象，就是长期以来不重视古人范本的文字和内容信息，故而从头至尾，全是图版，读者在临写范本的同时，常常因不能准确识读文字而疑惑甚至痛苦。因此，我们决心对所有入选的字帖，全文识读并加注释，并在前面撰写一篇对字帖来历交代清晰的前言，后尾附加历代点评。如此，有关该本字帖的绝大部分信息，都被包罗其中了。

4. 定位和定价

从选目讨论开始，我们就将新丛帖锁定在有一定书写经历和经济能力，对字帖品质有一定要求的读者群上，在我社各层级字帖中，属于"普及提高"类。这类读者有眼光，懂专业，认品牌，有忠诚度，因此对我们的种种用心，他们才会体察和认同。但当时也有同事认为定位太高，全彩印制，高定价会使销售出现问题，不过最终大家统一了认识，因为大家更看重这个读者群的未来。一方面，我们要想方设法降低成本，实现亲民定价；另一方面，我们要有耐心，相信口碑终将会带来回报。

四、奋战五年，坚持初衷，追求品质，持之以恒，收获圆满

　　2011年年初，"中国碑帖名品"的编辑出版工作正式启动，我们组成了老中青三结合的最强编辑班子，精心做了工作准备和营销筹划。我们在《书法》杂志上刊登了"名品"启动的通告，公布了二百种基本选目，请读者公推一百种书法史上最具代表的名作，以为我们正式确定一百种选目做参考。《书法》杂志拥有三十多年的历史，它是我社与读者互动的最佳平台。果然，读者参与热烈，我们对反馈做了统计，迅速确定了百种选目。选目中，我们不仅汇聚不同书体、不同书家的经典作品，更从书法源流出发，选录了各成长演化期重要的包括新发现的书迹，再现了中国书法史的演绎轨迹和艺术辉煌。《书法》杂志上的互动，给读者留下了"名品"最初的印象。

2011年8月，"中国碑帖名品"第一辑二十二种，隆重亮相上海书展。我们选择了接近于印章朱膘红的红色，为"名品"统一"着装"。使用这种红是受晚清民国时期广东生产的一种"雄黄纸"的启发，据上海图书馆碑帖专家仲威先生介绍，这种"雄黄纸"色红，专门夹放于碑帖拓本附页中，能起到驱虫、防蛀、避邪的作用。这种红醒目而不招摇，温润而不艳俗，我们称之为"碑帖红"，用作丛帖封面正是蕴含深意，独特贴切。封面还采用签条、书迹和名家品评相组合的装帧设计，传统中融合了现代新意，精心裁制的开本修长别致，这些都组成了"中国碑帖名品"典雅精致、富有标志意味的崭新形象。

书展期间我们举行了专门讲座，邀请多位著名书法家组成强大阵容，以切身学习经验，谈碑帖范本的选择要领，并现场为读者以毛笔签售，读者反响热烈。首辑发售的模式，后来成为书画社每年书展活动的"一道菜"，每年这个时刻，忠实的读者都会翘首以盼新一辑"名品"的现场签售。连续四年的出版，"名品"百种终于将在2015年4月全部出齐，在8月的上海书展，上海书画出版社将会迎来更大规模的书家与读者的互动。

"中国碑帖名品"甫一出版，即以其全新的面目、全面的功能、优良的品质，引起各层面的高度关注。一般读者为其精美的印制质量所吸引，懂门道的读者则在其中寻找他们各自看中的理由，他们亲切地称"名品"为"字帖大红袍"，并开

"中国碑帖名品"书影之二

设多个网上论坛，专门介绍每一辑，甚至每一种的内容特色，争论其与其他同类出版物的优劣长短；当当、卓越和京东网站上，"名品"的书目下面，都留下了众多的好评。而一些专业人士，则透过"热闹"看"门道"，纷纷发长文专论碑帖出版新的动向，点评"名品"中的亮点。许多高校的书法专业老师，指明学生购买"名品"作为教学用的范本。"中国碑帖名品"以品质胜出，终于赢得了业内业外的如潮好评。

"名品"首辑出版后第二年，鉴于首次对历代经典碑帖所作的全面整理和注释工作，以及原色影印众多的碑帖善本，"中国碑帖名品"荣膺全国古籍整理优秀图书一等奖。2014年，"中国碑帖名品"再获华东地区优秀书籍装帧设计奖之整体设计奖。

"中国碑帖名品"从2011年8月起投放市场，截至撰稿时共出版八十五个品种，累计销售达五十五万册，销售码洋逾二千五百万元，重版一〇五次，单品种累计重版最多的已达五次。从销售情况来看，已经取得了巨大成功，基本实现了巩固和提升书画社字帖图书出版地位的愿望。

但"中国碑帖名品"口碑和商业上的成功，却引发了图书市场上多轮的模仿、抄袭之风，有的来自民营个体，有的则来自同行大社，其于知识产权之无视和践踏，令人真有扼腕之痛，切齿之愤！

　　"中国碑帖名品"的成功，除了内容和品质为主因外，其整体的策划，精确的定位，专业而缜密的组织运作，贯穿始终的营销策略，统一推进的发行工作，应该是其获得成功不可或缺的一系列保障。"名品"的业绩，是运用现代管理方法，注重合作、注重经营的结果，它不仅成就了编辑成员，更锻炼了相关的工作团队；不仅实现了产品升级换代，也促使书画社完善了图书结构。"名品"的良好运作，不仅没有影响原有老品种的销售，反而因市场细分越见清晰，提升了发行人员和书店对我社书法产品的营销管理，加强了我社以"名品"为核心的各层次读本的市场辨识度和兴奋点，解决了项目初期一些同事的疑虑，带动了整个书法板块的销售增长。书画社以专业眼光和专业能力，完成自我挑战和自我革新，再次成为书法类图书市场的领跑者。

　　今年进入"名品"起步后的第五个年头，期间编辑们坚持初衷，坚持品质，朝着预定的目标精益求精，不断迈进。在这个过程中虽遭遇困难无数，但他们决不肯轻易放松要求，"名品"的成功，是坚持和拼搏精神的成功，是善加利用品牌的成功，是品质保证的成功。

　　　　（本文收入上海市出版协会编纂《经典策划119》，2016年，
　　　　　　　　　　　　　　　　　　　华东师范大学出版社）

做强艺术出版，需要深耕内容这块土壤

上海书画出版社因其母体为著名的老字号朵云轩，其历史往往被追溯至光绪二十六年（1900），即朵云轩创始之年。不过，作为真正符合现代出版概念的出版社雏形，则发端于1960年，此即其成立之年。经过几十年的发展，上海书画出版社已发展成为当今艺术出版领域内最具品牌价值的现代化出版机构之一。书画社是如何发展壮大，是如何在艺术领域，尤其是中国传统艺术领域产生一定影响力的？今年恰逢书画社成立五十五周年，这个发展历程，值得我们好好做一些总结。

深耕内容，做强专业，是书画社成功的又一条重要经验

上海书画出版社最为辉煌的日子，是二十世纪九十年代初至二十一世纪初。在此期间，在书画社的领导下创建了国内

首家专业的艺术品拍卖公司——上海朵云轩拍卖有限公司，并先后成立了古玩公司、经纪公司、电子商务公司和艺术学校，从而架构起以出版社为核心的多元艺术经营产业链，资产规模快速递增，产业发展名列全国同行前茅。

拍卖公司的创立和成功运作，为朵云轩、书画社带来巨大声誉和效益，因此，敏锐把握经济发展机遇，率先探索艺术经营规律，进行多元化发展，成为朵云轩、书画社成功的一条重要经验。但是，由于艺术品经营的巨大成功，却往往使人忽略了书画社在另一条道路的行走，即在朵云轩大踏步发展的同时，书画社的出版业务也取得了长足的发展，形成了以专业图书为核心，以教材、期刊为两翼的出版架构，取得了不可忽视的成绩。书画社的图书和期刊，几乎影响了几代人，许多直接受益者，现如今均作为精英分布于全国各艺术院校、机构协会中，对当今的书画艺术繁荣发挥了不可或缺的作用；在广大普通爱好者中，因书画社出版物而对书画艺术产生了兴趣、提升了素养，其巨大的社会功用，更是无可估量。因此，书画社在出版主业上的成功经验，总结起来，应是对中国书画艺术内容的不断深耕，为读者提供了丰富而可信的专业知识和有益指导，服务和引领了不同层次读者的阅读、教学、研究的需求。这条重要经验，依然是今天书画社最重要的追求和经营之道。

我们回顾书画社五十五年的历程，给读者印象深刻的许多重要图书历历在目。确实，长期以来，书画社以中国传统书画艺术为主体内容，坚持品牌战略，走精品路线，图书出版逐步形成了以大型图书为龙头，以学术著作为核心，以大众普及类图书为基础的多层级出版架构，特色鲜明，深受广大读者欢迎。在最近的五年中，书画社列入"十二五"国家出版项目的图书有八项，获得国家出版基金的项目有八种，获得上海出版专项资金资助和文化发展基金资助的达三十多项，获得的各种国家级奖和专业内奖项达二十余项。书法篆刻类图书在全国销售和动销率排名上均名列前茅，每年的重版率达到60%以上，出版主业因内容和品质而赢得专业内外、几代读者的口碑。

定位要清晰，内容仍是专业社取胜的根本

艺术出版要聚焦在哪里？我以为艺术出版虽然覆盖教育、少儿、大众和专业等各个层面，但归根结蒂，应明确定位在"专业"二字上。这是由艺术图书的内容所决定的。出版社是为读者提供内容产品的制造商，不同的读者需求，造就了现代世界通行的出版经营格局，而专业出版应该是这个行业分化演进到高级阶段的产物。之所以如此判断，是因为市场在不断细分，而细分是商品经济成熟的标志之一。艺术类图书的读者虽然年龄层次和受教育程度不同，但他们对内容的需求都需要

丰富而准确的专业知识来保证，要做到这一点，专业社的专业性便发挥出至关重要的作用。专业的团队和专业化运作，是保证专业出版质量的最重要因素。艺术社的专业水准来源于长期的积累，包括人才的积累和内容的积累。这也是为什么同样的选题任何出版社都可以做，但出来的效果却大相径庭的原因。

但由于一般读者辨别上的问题和专业图书受众的局限，这使得专业社发展面临着诸多的困难。有数据表明，美术类图书年销售份额仅占全国图书总销售额的4%左右，而全国的美术类出版社多达三十多家，还有许多综合类出版社也在介入艺术出版领域。一个专业社要在竞争中获胜，最为重要的，是具备围绕内容而展开的综合竞争力。相信在出版这个领域，从产业自身发展的规律来说，谁驾驭好内容，谁就不畏惧竞争；内容为专业出版提供了生生不绝的资源和动力。

书画社正是在总结了专业社发展的正反两方面经验教训的基础上，就出版主业展开了一系列的布局和运作。我虽是在2008年才来到书画社，但长期关注书画社的选题发展，因此在主持工作后，很快便梳理出书画社的历史优势和未来方向，从而找到了支持可持续发展的核心内容和拓展内容，即以中国传统书画为主体，以艺术与人文结合为补充的出版方向。在这个总方向下，我们构画了大型集成性项目（艺术作品和文献整

理）、艺术史料和工具书、经典和前沿学术著作、字帖画谱和
技法指导、艺术人文和艺术鉴藏五大基本内容产品线。

　　这五大产品线中，书画作品、基础文献和学术研究是书
画社的基础和顶端，它们是各类选题的宝库、内容的依托，是
出版社专业优势的保障。这几年我们连续出版了《董其昌全
集》《木雁斋书画鉴赏笔记》《金石学稿钞本集成》《吴昌硕全
集——篆刻卷》《海派百年代表画家系列作品集》、"书画名家
年谱大系"，以及《中国书法史绎》《中国文人画史》《藏传佛
教艺术发展史》等一系列图书，成为艺术研究领域内重要的新
成果。

细分市场需求，为读者提供有专业保障的合适内容

　　字帖是上海书画出版社五大产品线之一，字帖的深入开
发，典型地代表了书画社对专业出版的认识。书画社依据读者
的不同需求，从内容的深与浅、宽与窄、传统与创新、功效与
品质等诸多方面入手，对字帖板块进行了全方位多层次的布
局，分出了三个层次的差异化产品，即低价位的"中国书法宝
库"、书法入门级的"中国碑帖经典"、普及提高级的"中国碑
帖名品"。其中集书画社专业力量和优质资源，以五年时间倾
力打造的"中国碑帖名品"，以文本释读、版本珍稀、印制精

美等高附加值和百种规模，形成书画社新的品牌，赢得读者交口赞誉，被读者称为"字帖大红袍"。这种不断开掘内容、分层把握内容和精确的市场策略，促使书画社在多条产品线上，架构起多重选题组合，将有限的内容和不同读者群体进行了有效的对接，形成了重要的市场竞争优势，也有效规避了美术出版严重的同质化问题，成为书画社声誉不衰、经营向上的重要原因。选题同质化、低俗化，究其原因，是源于出版者对内容的肤浅认识。

　　但是面对网络技术手段高度发达和读者阅读的碎片化、浅表化，传统艺术出版何去何从？内容生产能够挽救出版业吗？我们应坚信对内容的深层完善和有效策动，至少是专业出版社长期的核心竞争力。与以快速传播为特征的新媒体不同，传统出版更注重内容的沉淀和过滤，传送的是以准确、系统、完整为特征的知识和思想内容，这是各门学科赖以发展的基础，是记录文化传承的主要方式，是人类学习、教育、学术研究赖以进行、完成的依托，这种需求是不会消亡的，这也是专业出版赖以生存的条件，是目前快餐化的、非专业的网络媒体所无法取代的。从总结评述、科研报告到学术论文，至今规范的内容引用和理论阐发，仍来自权威的专业发布机构。艺术出版，更因人们对包括图像在内的内容呈现、阐释和研究的要求，无可争议地具有专业力量的作用。但是，出版社必须由

传统方式向新传播技术手段转型，与互联网＋的创新思维相
融合。

（《中国出版商务周报》，2015年9月23日）

"工匠精神"是编辑的核心职业要求

在去年的全国"两会"上，李克强总理在政府工作报告中郑重提出了中国制造要提倡和弘扬"工匠精神"。一年多来，这一号召在全国各界产生了巨大反响，各行各业都在总结工匠精神的内涵及其在各自领域中的历史和现实意义，回顾和反思曾经的经验教训。在编辑出版领域，从高层到基层，也在加紧探讨编辑的工匠精神。以下，我个人就工匠精神在编辑工作中的作用，阐述一些粗浅的看法，供大家进一步讨论。

一、"工匠精神"是编辑的重要职业素质

大家知道，编辑是出版机构的主体生产力。编辑工作由多个环节或阶段性工作所组成，但一般来讲，编辑的核心职责，是判断和提升选题的价值、保证图书的质量，即审读和加工稿件工作。在传统出版工作模式下，与其他实体生产领域一

样，出版社都尤为重视图书的品质和在行业内外的口碑，因为这是出版社得以生存的基本条件。而品质和口碑，主要是通过编辑长期的工作来实现的。二十世纪八十年代，在我进社工作的时候，耳边还不断听到老一辈编辑"板凳十年"的谆谆之嘱。编辑的工作特征，在某种程度上，就是与"默默无闻""埋首稿纸""数十年如一日"相关联的；图书的字里行间，饱浸了编辑的汗水心血。我们今天称呼的"工匠精神"，其核心特征，就是以精益求精来实现产品的品质和口碑，用坚守和传承来发展事业，这与我们老一辈编辑提出的诸种要求，其实是如出一辙、本质一致的。几代出版前辈，以言传身教为编辑这一工作定下了基本规范和行为准则，以此来定义编辑工作的一般功用和社会价值，揭示了编辑以及出版社得以存在，进而赢得读者尊重的理由。工匠精神，是编辑职业素质的核心。

二、"工匠精神"是出版品质的魂魄和编辑的价值体现

作为内容生产商、文化产业的主阵地，出版社一直担负着文化积累、知识传承的社会职能，从宏大的高度来看，我们是人类文明的记录者、传播者，但我们的工作又都是围绕具体而微的每部书稿，乃至每个字、每幅图。图书的品质，与我们

严谨执着的付出密切相关，有的图书甚至是"十年磨一剑"，伴随编辑的职业生涯。这毫无疑问极大地考验着我们的能力和毅力。这种能力，包括相应知识的、学术的、处理稿件的能力；这种毅力，包含为此而付出的体力、精力，甚至宝贵的生命年华。而这些，正是非编辑从业者所无法取代的。这就是编辑的工匠精神。编辑正是以其独有的再创造性工作，通过图书产品，实现了自身的社会价值。一部书稿，字数无多，但它可能就是名传后世的经典；几多佳作，或历经几代编辑，前赴后继，不断嘉惠世人，因此而贮藏了我们的传统文脉、民族精粹！坚守品质、锲而不舍、敬业不悔的工匠精神，是我们编辑职业的魂魄。

从内容产业而言，图书是内容载体，图书生产也早已跨入更加细分需求的时代，专业出版在各自的领域承担着更加重要的工作使命。由于读者受众的不同，出版的传播效应不尽相同，但这并不意味着专业性强的小众图书其编辑含量就低，相反，专业出版对编辑的专业背景要求更高，对编辑把握书稿的水准和质量要求更高，因此对编辑的素养提出了更高要求。精心雕琢，精益求精，专业编辑尤须工匠精神。

这里如要举一例证，《辞海》毫无疑问最具典型。"一丝不苟、字斟句酌、作风严谨"的辞海精神已深得业内人士认同，辞海精神反映的就是工匠精神。《辞海》编纂过程中的艰辛，正体现了工匠精神的难能可贵。

我们上海书画出版社，拥有一份令业内骄傲的杂志《书法》。它从创刊到今天连续出刊四十年，作为全国创办最早的一份专业书法杂志，几代编辑同仁，克服种种坎坷，坚守中不断创新，发挥了巨大的专业交流平台作用，大大加强了书画社的专业特性和品牌影响力。几代书画人不忘初心、不舍追求，也正与编辑的工匠精神相契合。

因此，小到案头小稿，大到文化工程，只要编辑付出努力，都有可能凝结了可贵的工匠精神。这方面，名社大社都有骄傲的案例。要强调的是，作为上海的出版人，我觉得尤为自豪，因为作为近现代出版业的发源地和当时的出版文化中心，上海的老一辈编辑为社会作出了巨大贡献，我们当今的从业者，不仅继续着他们的事业，也享受着他们的荣耀！他们是我们的楷模，他们是我们的骄傲！

历史证明，编辑的素质因工匠精神而完备，编辑的功绩因工匠精神而伟大！我们理应承续这份精神！

三、打造传世精品，重唤"工匠精神"

时代跨入了新世纪，我国的国民经济得到了快速的发展，出版业也完成了市场化的重大转型。而编辑的身份则由事业单位人员转变为了企业员工，工作被赋予了更多的要求，比如要讲选题策划、项目运作、成本核算、市场营销、渠道建设、投入回报等等。出版的营收成为出版社的重要考核指标，图书的经济效益与个人收入挂钩，编辑的工作以审稿为据点，向前后大大延伸，涉及的工作极为烦复琐碎，编辑承担起了更多的职责。但由于出版节奏的加快，出版任务的加重，编辑的审稿时间被大大压缩，对图书质量下降的忧虑已是行业内普遍的共识。

去年年底，习近平总书记在"致《大辞海》出版暨《辞海》第一版面世80周年的贺信"中提出了"坚定文化自信，坚持改革创新，打造传世精品"的要求，这是习总书记专门就出版工作作出的最新指示。

传世精品，毫无疑问是时代呼声，是国家、人民对我们出版界的嘱托，它就建筑在"文化自信"和"工匠精神"的基础之上。随着经济实力的愈加雄厚，中国经济已经开始从求速度向求质量转变，在稳增长中谋发展，这都为提升图书品质提供良好的宏观条件。

在激烈的市场竞争影响下，今天编辑的综合能力已大大超越了他们的前辈，形成了现代出版条件下的编辑职业新特征；但无论如何变化，作为出版行业的编辑工作，工匠精神仍然是其职业的核心要求。因此，在新的国家战略和习总书记

"打造传世精品"的指示下，极有必要呼唤编辑的工匠精神回归!

编辑的"工匠精神"，自有其丰富的内涵和价值体系，它根植于中华悠久的传统文化，有着崇尚专业、精益求精的职业特征，同时，也有勇于创新、不断发展的时代动能，它是一个不断丰富的价值体系，它是编辑社会价值的凝聚。

在当下的出版形势下，工匠精神将首先会在国家文化战略上发挥作用，尤其是列为"十三五"出版规划和国家出版基金的重大项目。国家出版基金在其章程中明确指出：要支持出版体现国家意志、传承中华文明、弘扬时代精神、提升文化"软实力"的传世精品。

同时，"传世精品"还应是对出版物的总体要求，它一方面指出了图书传承文化的重要职能，同时指明了图书的品质要求。精品战略，是许多社的出版战略，因此，品质的要求是出版界共同认可的核心要求。工匠精神当然更应体现在以品质为核心的编辑日常工作中，编辑以锲而不舍的勤奋和广博的知识驾驭，赢得读者的尊重，并在市场交易中获得了相应的回馈，这是编辑功用的价值反映。在激烈的市场竞争和互联网、移动数字技术广泛使用的今天，传统出版社的出版平台作用、传播的速度和效应都在下降，作者的权重则在上升，读者的需求趋于多元，编辑如何通过职能所赋予的内容把握和品质提升，以及对供需的精准设计和传递等工作，为出版社留下更多关联版权和自主版权，则显得尤为可贵。因此，工匠精神的提倡，不是逆势而为，而是加强编辑核心竞争力，促进行业发展的呼唤。

中央已经对出版工作提出了新的要求，上海市新闻出版局也以"专业－学术出版中心"建设为推动，出台了多种政策，加强在选题内涵、出版品质、编辑素质等方面的管控和引导。作为出版社的管理者，应审时度势，把握方向，将"传世精品"和"工匠精神"作为出版社转型升级，提升核心竞争力的重要导向和核心理念。在出版社内部，应建立与之相对应的考核和管理机制，加强教育引导，营造文化环境，帮助编辑向高素质、专业化、学者型方向发展，使"精品意识"真正成为出版社的集体意识，使"工匠精神"真正成为编辑群体的价值观念，以行业的集体作为，杜绝平庸之作，乃至垃圾书、庸俗书，改变出版急功近利、编辑工作浮躁、编辑队伍流失、编辑工作成果保护不利、编辑社会地位弱化等等一系列不利状态，真正以工匠精神打造精品优品，满足新时代人民群众对精神产品出版的新要求，使工匠精神在我们的出版工作中产生积极的、持续的激励作用，充分显示出版人的社会价值，真正为出版强国和文化强国建设，践行我们应尽的职责。

　　我相信，编辑的工匠精神可以成为我们出版人自信的精神内核，并通过我们本职工作的努力和奉献，来充分展示我们国家的文化自信！

（《中国编辑》，2017年第5期）

以"工匠精神"铸魂中心建设

——在"书法研究出版中心"成立大会上的发言

尊敬的各位领导和同仁,大家好!

感谢上海市新闻出版局领导给我一个机会,代表上海书画出版社,就建设我社"书法研究出版中心",向大家汇报一些情况。

经过严格的审核考察,上海市新闻出版局批准了上海书画出版社建立"书法研究出版中心"的申请,这是对我们书画社几代编辑不懈努力和辛勤付出的肯定,更是对我们发挥专业优势,做强专业影响力的期许。我们也有信心、有能力,敢承担、敢作为,以工匠精神铸魂中心建设,将"书法研究出版中心"的成立视作一个全新开端,全力推进我社"全国领先的一流艺术出版机构"建设,不辜负领导和读者对我们的期望。

一、我们的荣光，我们的底蕴

上海书画出版社是一家以中国书画艺术为核心出版内容的专业出版社，它至今有五十六年的历史，如果算上与朵云轩的渊源，则要上溯至清光绪二十六年（1900），至今已有一百一十六年的历史。

在现代出版理念下建立起来的上海书画出版社，虽历经多个不同时期，但始终秉承中国艺术的传统和精神，响应国家的文化政策和要求，把握社会的需求，不断开拓进取，取得了长足的发展。近十年来，更是面对内外部形势变化，聚焦主业，不断自我鞭策、更新和完善，做大产业格局，做强核心竞争力，获得了包括国家政府奖在内的三十余项全国奖项，列入国家重点出版规划十余项，取得了全国书法篆刻类图书市场占有率第一、美术类出版社综合实力排名第一的业绩。

逾百年历史底蕴，半世纪不懈耕耘。长期以来，书画社几代编辑以专业为立社之本，牢记自己的基因和文脉，视品质为企业生命，不断出版精品力作。坚守、敬业、传承、创新，是我们的工作价值追求，这正与国家所提倡的工匠精神相契合。

二、我们的坚守，我们的传承

作为一家我国成立最早的以中国书画艺术为出版方向的专业出版社，自建社至今，书法出版物始终是书画社最强的板块，这源于我们在不同历史阶段出版有一批优质品牌图书，拥有几代优秀的编辑队伍。

优质图书的代表，首先当属书法字帖，其中著名的有《历代法书萃英》《书法自学丛帖》《中学生字帖》、"中国碑帖经典"等等系列，均惠及数代学习书法的爱好者和专业人士。近年出版的百种"中国碑帖名品"吸取长期以来我社字帖编集的经验，再度体现了书画社的专业优势和不断升级、引领潮流的出版追求。

同时，我社一直视学术出版为出版制高点，出版了大量书法学术研究成果，并致力将各种成果及时转化到不同层次的出版物中。内容涉及书法理论、书法史、书法文献、书法教育和大中型工具书等所有门类，形成多层次、系列化、不断更新的出版格局，因而在业界和读者中拥有重要地位和良好的声誉。在最新发表的《中国高被引图书年报》上，我社身列核心出版单位美术类出版社前三。许多重要研究著作或论集均被列为研究的基础书目，众多工具书都在书法学界和爱好者中拥有极高的使用率。近年出版的具有重大意义和学术价值的一系列出版物，如十卷本《海派代表书法家系列作品集》、七卷本《中国书法史绎》、八卷本《董其昌全集》、六卷本《木雁斋书画鉴赏笔记》等一批图书均获得包括中国政府奖、中华优秀出版物奖、书法兰亭奖、全国古籍整理优秀图书奖在内的一系列殊荣。

1977年和1978年，我社创办了全国第一本专业杂志《书法》和第一本书法纯学术期刊《书法研究》。两本杂志发挥了巨大的学术交流平台的作用，推进了书法的高层次研究和学科建设，目前活跃在中国当代书法界一线的书法家、学者和书法工作者，都得益于《书法》和《书法研究》及书画社的专业出版物。因此，称上海书画出版社是中国当代书法研究的摇篮并不为过。

这些长期积累的出版物，为书画社贮存了丰厚的内容资源，产生了巨大的品牌效应。这些荣誉和效应的获得，离不开几代专业编辑的勤奋耕耘、默默付出，其中产生多位卓有口碑、为作者和读者尊敬的优秀编辑。他们严以律己、精益求精，为书画社的发展作出了巨大贡献，并以各自的方式承续传统、薪火相传，培养了接班人。

如今，新一代书法编辑已接过接力棒。这支队伍平均年龄在三十五岁左右，均经过严格的学术和专业训练，拥有博士硕士学位，都经老编辑的带教，成为社内骨干。书法研究出版中心现拥有十六位编辑和校对，堪称国内最强书法编辑队伍，有些编辑已经成为有一定造诣的书法家、书法理论家。出版社正以项目实践的方式培养锻炼着这批年轻人，一些项目往往费时长久，将考验这支队伍的工匠意志。坚守、敬业、传承、创新，正成为新一代书画社编辑奉为信念的工作精神；专业、品质、信誉、品牌，已被全体员工视为企业生存发展的生命。

三、我们的发展，我们追逐的梦

长期以来，我社一直坚持专业化、精品化发展道路。书法研究出版中心的建立，将为我社保持书法学界的优势地位发挥重要作用。因此，我们视此为重要发展机遇，建立起以项目制积聚专业优势的工作机制，对未来做了充分的规划。我们的目标是将中心建设成学术视野开阔、专业内容全覆盖、学科重大选题最完备、反映学术最前沿，具有权威影响力和品牌效应，能代表国家水平，世界一流、海内外瞩目的专业出版高地。

作为出版人，我们所骄傲的，是我们能拥有强大的文化传播能量。要积聚这个能量、释放这个能量，需要我们有定力有坚守，要有当代出版人的工匠精神。书画社出版人讲传统重法度，一贯精益加精，有使命信念更有追梦激情，因为我们在乎自己职业的社会功用，我们面对的书法艺术从形态样式到寓意内涵，都与我们的观照、格调有关，都与我们付出的情感和温度有关，因此，当代编辑的工匠精神是鲜活的，是有价值判断的。我们要以工匠精神为中心建设的魂魄。出版事业潮起潮落、充满挑战，书画社同仁将发扬我们曾有的荣光，传承我们的底蕴，执着我们的事业，追求我们的初心和梦想，为不断提升品牌影响力、提高核心竞争力、增强企业凝聚力，建设具有国际品牌价值的艺术出版传媒而努力！

（2017年2月6日）

"袖珍印馆"出版回望

　　上海书画出版社在印谱出版上向有传统，二十世纪七八十年代出版的《赵之谦印谱》《吴昌硕印谱》等数种，以编选精要、规模适中而流布极广，至今犹在重版。它们会同《中国玺印篆刻全集》等集成性出版物一起，奠定了书画社在篆刻出版领域的地位。此后书画社的印谱出版持续不断，进入二十一世纪以来，我们更是尝试以专史研究与艺术品鉴相补充的工作，为当今的篆刻艺术爱好者提供更为丰富的知识信息和探寻堂奥的门径。

　　有系统地出版近现代篆刻大家的印谱资料，也是我们的出版计划之一，原因是这百年左右印学艺术高峰迭起，比之明清文人流派异彩纷呈的时代绝不逊色，以赵之谦、吴昌硕、黄士陵、赵叔孺为代表的一批大家境界独创，技艺超群，并引领一批后进，开创出全新局面，余绪一直绵延至今。究其主因，是得益于清代乾嘉金石学的勃起和现代考古发现的层出不穷，他们以个人天资和努力，上溯三代，下探元明，钟鼎彝器砖瓦古泉皆为其养分，又以求新求趣为动力，推动了一个新时代的来临。这些勤奋的大家为我们留下无数珍贵的艺术结晶，多以印谱方式承载流传。可惜的是历经二十世纪的历史磨难，许多印谱现身当代已十分困难。因此我们爬梳、出版这些印谱资料，对今人摹习篆刻艺术、研究近世艺术史，无疑具有重要意义。

以"袖珍印馆"冠名这套印丛，无疑得之于"袖珍本"的启发。"袖珍"有尺幅有限而所聚珍贵的意思，小而精致是其最重要的特征，因此我们力图在版式上以最简洁、最经典的文人印谱形式，凸显印章精致之美；开本的设计则体现出我们对"袖珍本"在现代都市生活中演化的新认识。"袖珍本"这一形式古今皆爱、中外通用。在中国，它有一个更雅更古老的名称，就是"巾箱本"。它源于小巧的书籍能放置于古人装头巾的小匣——巾箱，以其小而隐秘，故其作用或显或潜，出入于生活万端，让现代人追忆怀旧、浮想联翩。清乾隆时期就有自称印癖先生的汪启淑三次编集袖珍印谱，有两种直接名之为《锦囊印林》《袖珍印赏》，皆具精美可爱之貌，令后世爱好者有愈玩愈觉其妙之感，无不以得藏一本为幸。

"袖珍"一词，在中国文化语境中还有包蕴万象的意

"袖珍印馆"书影

思，所谓"袖里乾坤"，就是指将微观与宏观、表象与内质、有限与幻化等等哲学意蕴均广罗其中，这与印章艺术方寸大千、穷极变化的特性有着通灵之处。印章这门艺术，绵延至今千年，不仅艺术境界奇妙无比，印之作者、印文内容、印艺流派、印作缘由心境、印之用途等等，均具有无比丰富的信息，因此，"袖珍"亦包含了期待读者体味、寻幽其方寸万千的内涵。

我们阐述了选用"袖珍"一词的种种"理由"，更有意以"袖珍"之形来营造一种穷极精密、珍赏把玩的情趣，让今天的读者尽量接近古人，这些都是我们试图赢取更多人浸润、涵泳于中国博大精深的传统文化海洋中的一种方式。读者如能认同，作为出版人，幸莫大焉。随着艺术品鉴藏热的兴起，大家对篆刻这门本来限于小众、归为文人雅玩的艺术也渐趋热爱，有鉴于此，2012年4月，我与方家石香慧敏君谈及上议，因长期与鉴藏界交往，并深感读者之渴望，他恰有此愿，故一拍即合，就上述定位、内容、形式迅速达成一致，并于2012年8月先期出版了黄士陵、王福庵、赵叔孺、陈巨来、唐醉石这五位近现代重要篆刻大师的印谱。这五种小印谱以每人百印为规模，精选别裁，收罗原钤，厘录释文，编订年表，倾注了诸位编者的心血。8月上海书展正逢盛夏，我邀三位编者和童衍方、孙君辉（陈巨来外孙）二位嘉宾为读者签售，未料书画金石爱好者甫得消息，闻风而动，成群结队前来，五位方家挥汗如雨，两小时间不得片刻空闲，令我大为惊异这"雕虫"艺术的拥趸竟如此之众，一时感慨万端，欣慰吾等所思所为大有赞同者。此后的2013年、2014年和2015年，仍约慧敏君等同好，分别再编徐三庚、邓散木、吴朴堂、来楚生、童大年、韩登安、齐白石、赵古泥、徐新周、方介堪、胡菊邻、钱瘦铁、易大厂、钟以敬、方去疾等十五人印谱，分为三辑，将近代以降别创风格的篆刻大家之作品精华，悉数收编，连续三年相继出版。每辑出版后，书画社都精心筹划，固定在上海书展上首发亮相，由此成为书画社书展活动的"连续剧"，而每次活动都人头攒动，队伍绵长，成一时之盛况。《解放日报》甚至以《冷门〈袖珍印馆〉何成畅销书》为题，专门分析报道了这套印谱的出版现象。

"袖珍印馆"的大获成功，可以说是我初愿璧成。究其缘由，一是体察了当时读者多年积聚的需求，即由于历经历史磨难，许多名家印谱散佚殆尽，因此，搜罗、爬梳和出版这些印谱资料，可以说是一解读者引颈之望；其二，是书画社首次以这种体式系统汇编近现代名家印谱，编制可谓用心之至，显现出专业社的品质，使得读者对书画社印谱出版的信赖度再度提升。"袖珍印馆"出版后引发如潮好评，且开启了书画社此后一轮金石篆刻系统化、规模化出版的大幕。今回望其出版经历，仍颇感往事依稀，感念万端，并尤为感谢袁慧敏君前后四年于编辑出版上做出的鼎力之功。

（辛丑年清明前一日于翰景居）

翰墨留古韵　珍拓有新香

——《翰墨瑰宝·上海图书馆藏珍本碑帖丛刊》出版感言

　　2006年12月第二届书法兰亭奖在合肥揭晓，《翰墨瑰宝·上海图书馆藏珍本碑帖丛刊》（首辑十种）夺得出版编辑一等奖。这个书法界最高奖的公布，引起了全国书法专业人士和爱好者的注意，人们纷纷将目光投到这套装帧典雅的图书身上，惊艳于首辑《丛刊》能一举网罗底本如此出众的名碑佳帖，并称赞其精良的印制和尊重传统的装帧方法，在同类出版物中别树一帜。一系列的赞誉，揭示了《丛刊》能夺得大奖的关键，并由此引发了众多读者对碑帖影印出版久违的关注，专业人士还对古今碑帖的相关问题作了多方面的探讨。面对这一切，作为《丛刊》出版的策划者和执行者，我们倍感欣慰，也十分愿意就新形势下碑帖影印出版的相关问题，与大家共同探讨。

一

众所周知，选目和底本历来是丛刊式影印古代碑帖须考
虑的关键问题，也是最令人头痛的事情。这是因为，要在浩如
烟海的历代碑帖中选择艺术价值上佳的优秀范本，其实是在为
学书者梳理登堂入室的门径，这不是一桩容易的事，此其一；
其二，碑帖外号"黑老虎"，除孤本自有其无可辩驳的价值
外，碑帖往往因流传久远而版本众多，难辨良莠真伪，甄别精
善之本则尤为不易；其三，优秀的底本往往因流传有限，多居
深馆秘阁极难以获取，此又为一不易。作为长期热爱书法艺术
的编辑，我们虽时有出版此类选题的愿望，但多少年来苦于没
有三全其美的机遇。幸运的是，上海图书馆于2005年发布了对
其馆藏碑帖阶段性整理的成果，仿佛为我们打开了一座宝藏。
我们了解到，上图馆藏碑帖数量宏富，许多精品流传有绪，其
品级之高位于世界前列，因长期以来秘不示人，整理出版意义
重大。面对大量一流的底本，我们难抑兴奋，几经努力，与上
图达成了合作意向，并在这座宝库的基础上构建了《丛刊》出
版的初步框架设想。

在全面研究了上图馆藏善本，仔细分析了碑帖类出版市
场后，经多次筛选并征询有关专家意见，我们确定了首辑《丛
刊》的十种选目。

　　我们从上图馆藏特点出发，尽力在作品的艺术性和底本的珍贵性方面权衡，同时搭建书法艺术发展的一些特有脉络，以彰显《丛刊》的最大特色。楷书是必须首先加以关注的，其切入口无疑要从唐楷开始，《欧阳询虞恭公碑》《王居士砖塔铭（附程夫人塔铭）》首先入选其中。前者为欧阳询最晚年之作，和介相兼，形神俱足，当为现存欧书第一，而底本为清内府旧藏宋拓本，堪称海内最佳；后者书法瘦劲秀逸，酷似褚遂良书，亦唐楷中佼佼者，底本系初拓三断本，极为少见。《虞恭公碑》是唐代官刻名品，《王居士砖塔铭》是民间私刻精品，它们分别体现了唐楷的法度与性情的高超，而底本又弥足珍贵，必吸引书家的关注。

　　由唐楷上溯到隋碑，被称为"隋代第一名碑"的《龙藏寺碑》入选其中，因为《龙藏寺碑》最能代表隋楷的高峰，同时又是六朝楷书向唐楷过渡的关键之作，更可贵的是上图本乃传世年代最早、存字最多、拓工最精之本。由隋上溯到中国书法楷书的第一艺术高峰北魏，入选的是《崔敬邕墓志》，其字不衫不履，意象开阔，有"北魏志石之冠"的美誉。该本拓工之妙，墨色之雅，为传世其他诸本无法企及。由北朝引向南朝，入选的是"第一断珪缺璧"《水前本瘗鹤铭》。此铭意趣飘然，是南朝摩崖书法艺术的瑰宝，水前本以淡墨轻拓、蝉翼薄敷、雅宜隽永之意，鲜有与之比肩者。南朝的萧疏淡远与北碑的雄强峻拔、隋碑的宽博秀丽、唐碑的峭劲峻严相映成趣，以上五种碑帖的入选，我们意在简单地勾勒出一段楷书发展的简史。

我们还注意到深为书家重视的草书和行书，而草书不能不谈"千古书圣"王羲之的《十七帖》。此帖素被推为王右军草书中最著名者，书坛更奉之为"今草极则"，是临习草书的不二法门。它的出现，确立了传统草书的总体审美倾向，它的线条、结构、章法与孔孟"中庸"之道暗合，因此成为一把看不见但处处感觉得到的草书美学标准尺度，为学草书者必习。然其真迹早佚，因此欲习《十七帖》者，必以传世刻本立论。上图本为唐弘文馆（敕字）本，宋帘纹纸，重墨拓，墨色沉古，字口丰腴，浑朴之气迥异他本，故其书法体势雄健，气象超迈，是会通右军书风不可逾越的重要之本。此本卷子装，经吴宽、项元汴等人收藏，后入清宫，有"嘉庆御览之宝"印，卒归张伯英，堪称稀世之珍。

在入选的行书中有《张从申李玄靖碑》《颜真卿争座位帖（附祭伯文稿、祭侄文稿）》。《争座位帖》用笔"以篆入行"，是对"二王"行书体系的突破与变革，历来被评为颜书第一，并与《兰亭序》并称为"行书双璧"，然原稿墨迹也是久佚，《丛刊》所选为宋时精拓之关中本，其纸墨黝然深润，古香可掬，颜氏神采和风骨充溢字里行间。同时被收入的名品有《米芾章吉老墓志》《黄庭坚青原山诗刻石》。米、黄均为宋书杰出代表，并在"尚意"方面表现尤为突出。《章吉老墓志》系十分少见的米书小字，是米芾书艺巅峰时期的精心之作，笔法精熟，锋势齐备，流畅自然；《青原山诗刻石》是黄庭坚中年楷书的代表作，字势峭拔，神采飞扬，擒纵合度，深得《瘗鹤铭》神髓。

以上这些作品均为名碑名帖，其中八种是国家一级文物，另两部也是1949年后从未露面的大家之作。无论是作品还是底本，《丛刊》的阵容均可用超豪华来形容，真正做到了所用底本人无我有、人有我精的要求，为书学研究、临摹教学、品赏鉴定提供了珍稀可贵的第一手资料。

二

如此优秀的作品与底本组合，且直接摄自原件地成套出版，可以说在近数十年来的碑帖影印中是不多见的。我们清醒地认识到，我们既拥有千载难逢的机缘，同时也负有重大的历史责任。这不仅仅是因为现今的出版业竞争激烈，大家都在寻找优质的选题资源，更重要的是面对了一个个穿越千百年历史时空的嘱托。目睹澄静幽古的纸色墨韵，姿态多端的流动笔痕，以及鉴赏藏家题端序跋、收传钤印的一一展现，我们仿佛听到了卷叶背后无声的述说和叹息。碑帖无可复制的特性，使它们理应享有尊贵的国宝待遇；其充满传奇的经历，周身汇聚诸多有用信息，正是历代文物聚散的缩影，因此任何简单、随意的处理，都可能留下千古之恨。我们最终决定将读者对象锁定在有一定鉴赏能力的书法爱好者和收藏者身上，利用现今最好的技术，原大原色、原汁原味地再现原本的全部面貌，为学界艺林提供"几可乱真"的影印精品。

　　首先，我们对拍摄、印制和装帧提出要求。这些馆藏碑帖很多为半个世纪甚至更长时间未公开露面的珍品，有的虽间有影印出版，又因印制条件和成本的限制，多未能取得令今天读者满意的效果。现在有机会直接拍摄原本，条件自是前人无法比拟的，因此我们不惜投巨资，采用最大规格的开本，以求各本都能原寸容纳；使用最先进的数码摄影和电分印刷技术，全程数据跟踪；纸张采用优质艺术纸，以求得色泽与质感尽量接近原件；反复试印校色，目的是为了达到品质精良的仿真程度。同时，装订上采用了古碑帖装裱时常用但成本昂贵的手工经折装法，以使内容形式与传统气息贯连，令读者在对照摹写、品赏把玩时如睹旧物、如抚旧装。毫无疑问，拍摄印制装帧是否过关，是我们这套《丛刊》能否保证品质、化身千万最为重要的关键。

　　其次，《丛刊》除收入碑帖正文外，还将所有题签、题跋、藏印、面板、衬页等尽数收入，完整展示了原本的全貌。这些作题跋的名家有翁方纲、沈树镛、莫棠、缪荃孙、何绍基、杨守敬、费念慈、端方、罗振玉、褚德彝、蒋祖诒、吴湖帆等数十家之多。此外，《丛刊》中还能见到清内府藏印如"三希堂精鉴玺""宜子孙""嘉庆鉴赏""嘉庆御览之宝""石渠宝笈"等。题跋、藏印中的大量信息，具有很高的文献和史料价值，许多题跋都为历代藏家、学者的学书心得，极有助于考证碑帖刻拓源流、比较各本优劣、找寻鉴定依据。如依简单省力的做法将这些碑帖附属部分割除，或可节省成本，但对学界和鉴赏者而言，无疑成了巨大遗憾。

　　做到以上两点，也仅仅是完整复制了原本，我们尚不满足于此。在提供临摹最佳范本的同时，我们更希望针对原本的特点或缺憾进行一定的编辑加工，以求增加原本的附加值，从而获得面目一新的"更善"之本，以推进碑帖学的深入研究。

　　我们留出较大篇幅，邀请全国一流的碑帖版本专家对各本悉心研究，比勘释文，撰写前言。这些前言参考了前人的相关成果，历述作者之时代、生平和书法特点，追述作品及拓本的历史及现状，考辨其版本渊源、递藏流变、趣事逸闻，著录原本题跋者、观款、校记、钤印及开数、尺寸等所有内容。这些内容，大多准确反映了原本珍贵的艺术和历史价值，成为读者了解作品内容，解惑碑帖产生背景及版本源流的重要导读。尤其是《丛刊》附有相关版本的图片，对鉴别版本提供了直观的对照，成为重要的著录补充。许多前言史料挖掘充分，梳理严谨，多有创见，具有很高的学术质量。如《章吉老墓志》因原石早已湮灭，张彦生称所见只二本，一本已不知下落，另一即上图藏明代拓本，文献十分缺乏。前言作者将米氏资料收罗殆尽，逐字辨析内容，既称赞其椎拓精良，系现今可见之最佳拓本，又指明原本装裱时文字次序有颠倒；同时，通过对米芾存世的同期墨迹的分析，引导读者宝重此件"随意落笔，皆得自然，备其古雅"，系书于米氏巅峰时期的"小字行书"。其用力之深，用心之诚，令人肃然起敬。

又如《崔敬邕墓志》书风谨严而奇逸，历来被称为北朝志石之冠，但自清康熙年间出土后不久原石即佚，传世拓本仅有五本。前言作者对照方若的著录，指明影印的上图本即流传有绪的淡浓墨拓拼合本，并历叙了藏家端方先得前半册，复又觅得后半部的佳话。前言还以稀见的列祖、父衔名于标题前的墓志撰文样式，来揭示后世装裱拓本者不明其中缘故，误将"临青男崔公墓志铭"字样剪裁挪移至祖、父衔名前，以点明原石拓本与翻刻本的区别所在，颇有鉴定指导意义。

《丛刊》在编辑方法上也有意作些新尝试，如针对作品或版本的特点进行汇编，以便读者两相对照，各有借鉴。

如《王居士砖塔铭》承袭旧册合装之法，附录了《程夫人塔铭》，其书风深得"二王"精髓，又具褚书风范，与《王居士砖塔铭》有异曲同工之妙，俱为临摹唐小楷的极佳范本。《瘗鹤铭》用李国松旧藏水前拓本，与沈均初旧藏水后本合刊，前者淡墨轻拓，雅宜隽永，历来为书家探求原作萧疏淡远、简约古拙之风的最好依据，而对照字数增多、拓摹亦精的水后拓本，读者自可玩味两种版本的不同艺术价值。《颜真卿争座位帖》则附入了《祭伯文稿》《祭侄文稿》，意在使颜氏"三稿"合一，尽显颜体行书活泼飞动、浑化入妙的风范。古人重视渊源和师承，是意在据此登堂入室，从而更有利于书家的创新与发展，缘于此，我们有意选入了篇幅最大的《青原山诗刻石》，以便读者在临习时追溯此次一起出版、被黄庭坚推崇为"大字之祖"的《瘗鹤铭》，探求两者的渊源和神韵。又如《张从申李玄靖碑》，前人称张"虽学右军（王羲之），其源出于大令（王献之），笔意与李北海（李邕）同科"（宋黄伯思《东观余论》），而我们又从赵孟𫖯那里读出了张从申的笔意，从这一环链上，读者可参证体悟出古人是如何吸收前代大家艺术营养的。

　　善本的选择，精良的印装，准确的释文，严谨的考述，合理的选编，使得原本的价值得到了不同程度的提升和发掘，这也是今人对碑帖整理提出的新要求。

三

　　在印刷术发明以前，碑帖刻拓是文献印行流布的重要手段，它还直接启发了具有划时代意义的雕版印刷术的发明。此后，碑帖传播文献的功用虽趋于衰弱，却仍然继续与中国独有的书法艺术联姻，使得其笔画传真的功能得到空前发展，从而诱发了宋元明清期间公私刻帖如雨后春笋般的涌现，导致书法这门主要流行于士族精英阶层的高贵艺术，进入寻常百姓之家。这足以证明碑帖在中国文化、艺术上的不朽功绩。

　　然而，历代石刻碑帖也同所有人类的文明遗痕一样，历经自然的侵蚀、战火的蹂躏，演出了无数出离散碎灭的悲剧。耳濡目染，历代知识精英备尝文化传承的辛酸，因此很早就注重石刻碑帖的著录和递藏。宋代古文家欧阳修和其子先后完成了《集古录》《集古录目》，开启了对历代碑刻进行专题研究和收藏著录之先河，对宋及以后的金石考据之学起到了巨大的影响。此后，历代都有有识之士或对经眼所藏之宝物进行不懈的考订和著录，或以传拓摹刻等方式延续和扩大碑帖传真书痕、流播文化的使命。

　　及至晚清民国初期，由于碑学的提倡，碑帖拓片的椎拓与收藏进入一个鼎盛时期，遍布陕西、河南、山东、北京、苏州的碑帖店铺印证了这一点。临摹碑刻，把玩旧帖，成为文人雅士间重要的交流主题，许多书画大家往往也是收藏大家，有的已达到痴迷的程度。这真实地体现了碑帖文化在当时已产生极其深广的影响。出版商人利用了这一商机，将发明不久的摄影术引入碑帖印刷，将刻帖工艺淘汰出局，一个全新的碑帖复制时代到来了，书法艺术载体的命运从此发生了质的变化。以罗振玉影印《贞松堂藏历代名人法书三卷》《百爵斋藏历代名人法书三卷》，以及潘承厚影印《明清藏书家尺牍四卷》《明清两朝画苑尺牍五卷》为代表，宣告了持续一千多年的刻帖史彻底终结，并开创了影印历代法书、碑帖的新范式。影印使得过去秘不示人的善本碑帖化身万千，进入寻常百姓家，此间书法艺术之普及，研究碑帖艺术条件之便捷，均为历代不可比拟。

　　然而此后的屡次战争和政治运动中，碑帖遭到严重损毁，如二十世纪五六十年代，人们竟将刻帖拓片成捆用于制造爆竹，原因是其墨厚纸脆，用于鞭炮材料可令声音响亮；破"四旧"时拓片被冠以封建残余，搜尽片纸付之祝融，可叹愚昧无过于此。此后又在毛笔退出实用书写的背景下，碑帖的传承、范式作用最终也被抛弃，碑帖的命运一落千丈。

　　在历经多次磨难和拥有现代印刷术的今天，人们开始重新审视古人给我们留下的珍贵遗产，碑帖拓片不可再生的文物特性受到重视，廉价简陋的印刷品已无法满足需求。蓦然回首，人们发现前代的碑帖拓片已纷纷束入公私馆阁秘室，变成了难得一见的奢侈品，其身价也开始陡增，一时形成收藏热潮。不知是历史的捉弄，抑或是历史的再度青睐，碑帖的生命力终究在其最低谷时重获新生，同时也催醒了沉寂百余年的碑帖研究。人们充满了对认识历代碑帖的渴望，这便拉开了新一轮碑帖影印出版的序幕，《丛刊》的出版也许真是生逢其时。

　　检讨碑帖的流播翻印史，对我们认识出版《丛刊》的意义和定位是极为必要的，只有这样才会真正懂得什么是历史的责任，我们又该做到些什么。历史上有众多的善本孤帙毁于天灾人祸，因此在摄影术引入现代出版业后，如前述罗振玉先生这样的一批前辈纷纷想方设法，将所得珍本影印出版，以广为流布，为后代留下了宝贵的碑版图像资料。他们的行为成为我们效法的楷模。面对上图这些长期以来秘不示人的国宝，我们充分利用二十一世纪的最新技术，打造影印的精良品质；以审慎的编校质量和多种有用附加值，造就自有特色的新善本；又以惠布万家的理念，制订亲民的价格，使之真正嘉惠学界艺林，所有这些工作，应该是具有其历史价值的。

　　碑帖作为中国文化的重要载体，除了艺术美学价值和历史文化价值外，往往在尺幅内外留下众多的文化意蕴。欧阳修自号"六一居士"，谓藏有书一万卷、琴一张、棋一局、酒

一壶、鹤一双，外加"集录三代金石遗文一千卷"；这六个
"一"，将中国文人的生活情操展现得淋漓尽致，而一千卷金
石遗文所蕴藏的内涵无疑已弥散在了欧阳修的整个身心之中。
近代大收藏家吴湖帆，更因藏有四件被称为"唐人楷书第一"
的欧帖，而题其函为"四欧秘笈"，言其室为"四欧堂"，更将
其四个子女名之曰思欧、孟欧、述欧、惠欧。这恐怕仅仅用
"珍爱文物"一词来涵盖吴湖帆的用心是远远不够的了，它包
涵更多的是一个中国艺术家对民族文化陶醉的心理。因此碑帖
不仅仅是书法艺术的载体，更是中华传统文化中的重要一脉。
《丛刊》的出版，相信也会推动碑帖文化在今天的传播。我们
希望对原本进行巨细靡遗的仿真印制，能令读者在临摹鉴赏之
时感应原本所传递的古雅气息，以此激发人们传承和发展悠久
碑帖文化的兴趣，引领他们来认识深厚的中国碑帖文化。在
《丛刊》出版之际，我们还联合著名书家和学者，录制专题电
视片，两次举办讲座，以期以力所能及的多种方式，扩大出版
的效应，让更多的爱好者获得碑帖文化的浸染和熏陶。

　　围绕《丛刊》所有的工作，其实都透露出我们的一种心
态，就是对待曾经辉煌之传统文化的谦卑之心，对待成就卓异
之古人的崇敬之心。一代人要有一代人的追求，我们试图努力
把握历史机遇，求得正确定位，认真处理细节，努力达到目前
国内碑帖编辑影印的最高水准，以使《丛刊》的编集出版，成

为可以对得起前代善本，也经得起后人考验的"新善本"。

在第二届兰亭奖评委的积极评价下，《丛刊》最终荣膺大奖，或许也表明他们赞同了我们的追求。我们相信，《丛刊》的每一种书，都是一个宝藏，打开它，在委婉流动的线条间，在淳厚幽古的墨色里，潜藏着无数个文字的生灵，等待着被今天的书家去唤醒，去孕育新的艺术生命；在几经磨损但仍然鲜活的钤印上，在多少藏家的书额题跋里，蕴藏有多少个离奇的故事、费解的谜案，等待着有心读者去钻研破解，再染感人的光彩。若能如此，就是我们传递的理念得到了知音，就是我们的努力得到了最好的回报。

历史上许多著名的碑帖作品，成就了无数书法大家的诞生，而他们的作品又汇入历代碑刻的长流之中，继续滋养着后来更加伟大的书法艺术的创造者。以此为激励，我们将继续投入"翰墨瑰宝"续辑的编集工作中，并愿将更多、更好的碑帖范本奉献给大众。

（《书法》，2007年第6期）

书法的私淑传统与大师风标

一、私淑之名与历史轨迹

"私淑"一词，最早见于《孟子·离娄下》："予未得为孔子徒也，予私淑诸人也。"东汉赵岐章句曰："淑，善也。我私善之于贤人耳，盖恨其不得学于大圣人也。"孟子与孔子前后相距百余年，自然是不能"为孔子徒"的，故而赵岐之注将孟子言语中隐藏的因未能亲炙受教而无限抱憾的隐意准确地揭示了出来。从此，"私淑"一词就为后人袭用，并埋藏下了两个基本要义：一是学习者未能亲自受业，二是敬仰并承传某人学术而尊之为师。

在今天这个网络用语渐成风尚的时代，"粉丝"一词无人不晓，但举出"私淑"这个古老的词，问其准确词义，或许大多数人，尤其是年轻人已难以语焉其详。"粉丝"与"私淑"有相近之意，但远不具备"私淑"一词丰富深邃的文化内涵。

在我们这个文明悠久国度的历史上，"私淑"曾是一种十分重要的教育、学习手段甚至是文明传承的重要方式，具有优良而持久的传统。由于古代交通不便、信息不畅，知识、学问的获取或传播，主要靠口耳相传。掌握知识文化的人是少数，而能师从良师名师，则更是一件极为不易之事，故作为学生尤为看重师承关系，以标榜学问的来历、学术的正统；而对老师来说，也依靠师承门徒来维系思想、学派的门户和血统。但并非所有求学者都那么幸运，故孟子又云："君子之所以教者五：有如时雨化之者，有成德者，有达财者，有答问者，有私淑艾者。"（《孟子·尽心上》）前四种是指圣贤施教，各因其材，最后"私淑艾者"，则是指未收入为徒的，可以通过自学以获得其所治之学，朱熹的解释是："私，窃也。淑，善也。艾，治也。"但毫无疑问，想要"及门受业"远非不辞长途跋涉、多交几根腊肠那么简单，最不可逾越的，是时空交错，不能起先师于黄土啊！故古之学者，更多的是通过"私淑艾者"的方式，获得"齐家治国平天下"的各种本领。

在孟子所处的战国时代，各家学派都认识到门徒弟子对扩大自己学说的重要作用，而孟子更从孔子仁学的思想出发，以自己的实践为基础，不仅以道德修养来要求"君子"言传身教，更以立言著述来系统深刻地阐述对世界的认识，以成就其"小以成小，大以成大，无弃人也"（朱熹《四书章句集注》）

的教育理念，包括"人或不能及门受业，但闻君子之道于人，而窃以善治其身，是亦君子教诲之所及"（同上）的"私淑艾者"。在孟子看来，"私淑"仍然是"君子之所以教"的一种，故虽感不无遗憾，但仍然以学问源于"圣人"而自豪。在儒学成为封建时代文化主流之后，以孟子的"私善贤人""恨其不得学于大圣人也"为特征的私淑传习方式，作为"善治其身"的治学和精神提升，也成为了中华文化绵延后代的一个重要传统。

这种传统在中国历史上的几个学术思想活跃高峰期，表现得尤为突出。试以两宋间学术脉络为例，如北宋司马光一派，他的弟子中"刘忠定公（刘安世）得其刚健，范正献公（范祖禹）得其纯粹，景迂（晁说之）得其数学（太玄象数）"，而"景迂又私淑康节（邵雍）"（《宋元学案》第二十二卷）。再看南宋朱熹一脉，"嘉定而后，私淑朱（朱熹）、张（张栻）之学者，曰鹤山魏文靖公（魏了翁）"（《宋元学案》第八十卷）。"私淑"一词运用十分频繁，且私淑弟子均为赫赫有名的大家。而朱熹自述"有以接乎孟氏之传……虽以熹之不敏，亦幸私淑而与有闻焉"（朱熹《〈大学章句〉序》），更是将思想精神、学术渊源直接接上了孟子。在今人看来，朱熹无疑是最得孟子真传且弘扬最为杰出的儒学大师了。至此，"私淑"由不得"亲炙"受学向尊崇、信仰等含义扩展，且不再受时空的约束，概念的外延大大延伸。至清代乾嘉学盛时期，戴震撰二万余言阐述孟学，并直接名书曰《孟子私淑录》，以明发扬孟学之使命，"私淑"的精神内涵被大大填充，传统得到了有力的弘扬。当然，对"私淑"一词运用得最为普遍的，仍然在狭义的范畴之内，即未得亲授而自治其学。虽然时空不妨碍学术思想的传播，但不顾实际、盲目标榜前代名流为私淑的对象，是绝不符合严谨治学、涵泳学术传统的。"私淑弟子"是在不辱没前贤前提下的谦卑自称，治学者当已具备足够的治学成果，获得了公众的认可，否则，那实在是对前贤的最大不尊。

"私淑"作为师承学识、绍述前贤的一种方式，在中国文化的各个领域，包括艺术领域，也发挥了巨大的作用。但至二十世纪下半叶，随着传统文化的衰落，以及以传播西方文明为主的现代教育高度普及、发展，这项传统也趋于没落。意想不到的是这些年国学重被重视，"私淑"一词又被一些人用得多了，许多人都自称为某某的"私淑弟子"，最为热闹的是前些日子广被质疑的"章太炎私淑弟子"事件。"私淑"仅仅被用作一个自我炫耀的词，而"私淑"的真正传统或早被淡忘了，这实在是"私淑"在缺失公信的商品社会的异化。当下，既然中国几千年的传统文化要重获新生，与之共生的传学方式也理应得到重新认识。虽然现代教育无比发达，获得教育的途径无所不在，但"私淑"绝不简单等同于"自学"，更非以通过考试、获得学位为最终目标，其内核是相伴于向前贤问学的获取，更注重于学习其思想精神和人格魅力，这是历经两千多年无数学子的实践孕育出的中国人独有的传统，是中华文明的重要传播之链，是中华民族绵延的生命内核外化的表现方式之一。重视真正的私淑传统，应该成为有识之士的共识。

二、书法的私淑传统

"私淑"之于书法一门，同样具有悠久的传统。但在上古，因文字的使用都掌握在高层官宦、贵族手中，故书法的传授都为名门家学、子孙传业。又由于书法形式表现的特性，书学者更注重技艺的经验传授，名门望族往往积累世之学，常有非凡成就者。这种情况发展到两汉魏晋尤为突出，如三国至两晋，就有河东卫氏、敦煌索氏、琅琊王氏、陈郡阳夏谢氏等等大族人才辈出。书法的技艺和境界，成为了这些擅书世家社会地位的有力权重，他们将书艺的传授垄断，更将其核心"笔法"神秘化而秘不示人。因此书法的授学，师出名门和家学渊源更易得到认同。虽然如此，社会的进步和文明的需求，是任何人都阻止不住的历史潮流。尤其是在两汉时期，教育向庶民普及，书法被作为考核、选拔官吏的重要手段，在客观上大大促进了书法的发展。东汉赵壹在其《非草书》中称："今之学草书者……以杜（度）崔（瑗）为楷……夫杜、崔、张子，皆有超俗绝世之才，博学余暇，游手于斯，后世慕焉。专用为务，钻坚仰高，忘其疲劳……"赵壹的本意是要非难当时的学书之盛，但却形象描述了当时的实际情况，成为一段难得的史料。杜度，字伯度。生卒年不详，唐张怀瓘《书断》称"至建初中，杜度善草，见称于章帝，上贵其迹，诏使草书上事"，故知其为汉章帝（75—88年）时人，做过齐相。崔瑗是杜度的学生。赵壹为汉顺帝、灵帝间（顺帝125—144年在位，灵帝168—189年在位）人。"今之学草书者"与"后世慕焉"等关键词，记录了当时学书者在草书名家的影响下普遍自学、专研的状况，可作为书法史料中最早的"私淑"内容看待。

这种风尚所及以及书法形式、内涵的多样化发展，促使条件优越的学子也纷纷在名师、家学之外寻求新的营养。如后来被誉为"书圣"的王羲之，其年少初学卫夫人，无疑是血脉纯正，但"及渡江北游名山，见李斯、曹喜等书，又之许下，见锺繇、梁鹄书，又之洛下，见蔡邕《石经》三体书，又于从兄洽处见张昶《华岳碑》，始知学卫夫人书，徒费年月耳，遂改本师，仍于众碑学习焉"。这段文字虽不能确认出自王羲之，但所记叙之师法过程，结合王书所得各种养分，其内容是被肯定的。因此，王羲之堪称是书史上私淑前贤的最好典范。

自"二王"成为书法正统后,"二王"一脉的书风几乎主导了其身后的整个书法史,后继者以此为法乳,又以各人的努力和禀赋,成就了一座又一座高峰。毫无疑问,"二王"成为了后代书法研习者最重要的"私淑"对象。同中国其他传统学问、技艺的延续、发展一样,书法的沿革、兴衰,亲授和私淑这两种传习方式,都发挥了极为重要的作用,进而形成了独具内涵的传统,甚至被视为一种精神上的尊崇。这种尊崇一直延续到现代,以沈尹默等人的深入实践和理论发扬得到了进一步彰显,以白蕉的自我标榜(曾刻有"王右军私淑弟子"印)宣示了私淑书学精神的现代延续。

三、重唤传统、重唤大师

值得关注的是,就在前一百余年里,书法传统发生了巨大变革,康有为等人提出"卑帖崇碑",并将碑学梳理出一个有理论的艺术体系,从此碑刻书法被奉为了另一座书学圭臬,传统书学者的取法观念由此而遭到颠覆。这期间,不断发现的书法新材料,无数无名书家、民间书家的书作,都极大开阔了书学者的借鉴视野,丰富了师法对象。前代书法的典范意义已经远远超出了帖学的边界,而帖学之外的都非传统意义上的名家。这种深刻的变化,导致书法师承的作用在认识上也起了大大的变化，"私淑"的传统更是几乎断绝。

二十世纪四十年代以后至"文化大革命"之前，沈尹默、沙孟海、白蕉等一批现代卓有成就的书法名家，清醒地认识到这些变化，并承担起历史的责任，他们从个人理解和性情出发，在吸取前代营养时更梳理着传统的脉络，或取碑刻金石之泽，或举回归帖学之旗，不仅在技艺上刻苦探索，更在学术理论上勤奋耕耘。其中尤以沈尹默成就最为杰出，他最早开始整理古人的书学文献，总结书法规律和学习心得，并结合现代教育理论，倡导书法普及教育，更组织机构，亲自授课。今天看来，他们当初所做的一切，为二十世纪八十年代以后的书法繁荣，不仅在人才培养上，也在书学理论上打下了良好的基础。正是因这样的努力，他们成为了当之无愧的当代书法奠基人。

令人不可想象的是，在他们身后的大半个世纪里，旧纲常被捣毁，新道统难建立，师道无以为尊。经济大潮涌来，书坛更是浮躁亢奋、审美意识混乱，书法界伪"名家"甚至伪"大师"四处横行。而书法的私淑传统未被很好地重新认识，却被一些沽名钓誉者"拿来"到处招摇撞骗。再一种局面是，书法的发展也遭遇到前所未有的困难：一方面不仅毛笔早已退出实用生活，而且连汉字书写都将被计算机输入法所取代；又一方面，书法赖以获取营养的土壤——传统文化，也陷于困境，而经济诱惑、外来思潮等等一时泥沙俱下，以致浅薄、低俗、粗陋甚至"蹂躏"之风盛行。这些状况深深损害了书法当今的发展，令人不禁有书道"式微"、传统"断裂"之虞。

令人欣慰的是，现代复制技术和教育手段空前发达，令学书者数量仍然众多，临摹名迹的机会远胜前人，而近日教育部又提出书法要立为中小学课程，这些都是书法重振难得的基础条件。凡此种种，令生于今长于斯的当代人，更加体会传承文化的重要性，追念历代前贤所创造的伟大遗产；同时，更加追思前述那些作古未远的大师们。因为大师的成就直接浸润同时代人，更泽被今天的无数后来者。

在中国，"大师"一词是学科至高成就的代名词。就国学而言，能称得上国学大师的，必须是在中国传统学术（如义理、辞章、考据）方面具有突出贡献的人，除此之外，还要有独立的价值观、高尚的品格，堪为公众师表。以此来比附书法领域，前者要涵盖实践和理论两个方面的杰出成就，而后者，则建筑于道德品格的修为，二者是完全一致的。以此严苛的标准来衡量，如前所述，近百年以来，书法领域如沈尹默、沙孟海、白蕉、林散之、启功等人可谓是实至名归的一代大师。一方面，他们是真正的书家，均在书法造诣上取得超凡的成就，而非仅仅是善书者（依沈尹默所论）；另一方面，在学术上各有建树，视"学问为终生之事"（沙孟海《与刘江书》），故在

现代书法实践和理论建树上均有筚路蓝缕之功。更为可贵的
是，他们历经民族和人生艰难困苦，仍保持各自独立思想和铮
铮风骨，即使在传统文化遭遇西学强烈冲击之时，他们仍锲而
不舍，"当仁不让地承担起这个社会所赋予我们发扬光大书法
的新任务"（沈尹默《书法散论》），历史使命常怀在胸，且品
格鹤立于当时书坛，至今仍是时代的风标，引得无数书法爱好
者群起追随。他们堪称是真正的一代大师。

　　"私淑"是文化传统，其重要的特征，就是师尊对象的
学术思想引导和人格精神影响，剔除了这个特征，私淑就没有
文化内核可言。大师就是一个时代思想和精神的结晶，因此，
一个时代需要有大师级人物，这对私淑传统的承续也具有极为
重要的作用，它会以它特殊的方式去引导初学者步入门径，去
抚慰徘徊堂奥之外者的迷茫甚或痛苦，去培养出更多的有识
之士，来共同消除书法一脉的外部干扰和内在危机，探索创
作与治学更多的奥旨，来秉持前贤的薪火，延续数千年之久
的传统。在这方面，这些大师学识兼备，本身就是私淑传统
的最好受益者，重要的弘扬者。我们相信，精神的发现和坚
守，是任何事业从无到有、继往开来的保证。我们期望"私
淑"的传统，与其他教育方式一起，能培育出对今天书法事
业有用的杰出人才，以博大的胸怀，涵养古今，吞吐中外，
来共同继承前贤的宝贵遗产。

我们千万不要只顾了娱乐化的"粉丝",而忘却甚至丢弃了我们具有千年历史和信仰意义的私淑文化精神。

从这个思考出发,我们重新梳理了近现代以来卓有成就的一批书学大家的成长历程,以及他们在传统与现代思想文化作用下的书学新探索,审慎标举了沈尹默、沙孟海、白蕉、林散之、启功等五位众所公认的一代大师,请专业人士寻绎他们各自一生的书学探索和理论总结,依照上所分析的理路,拣金别裁,精细导读,以全新视角编选出版"大师私淑坊"系列。在当下的世界文化交流中,汉字正发挥日益重要的作用,书法的学习、审美和运用也在一定范围内产生了积极的影响。承续中国书法的传统,推进书法艺术不负时代的健康发展,无疑是我们专业人士肩上的责任,而大师的风标及其毕生经验结晶,理应成为我们师法和推广的重要标杆。有志于书法艺术探索的读者们,在"大师私淑坊"里可获取大师们无比的学识和精神力量,弥补无缘追随大师的遗憾。"大师私淑坊"可以成为一个无师讲授而俨然师在的教室,一座不受时空限制、永不告别的课堂。它的编辑出版,是对大师们风骨品格的致敬,更是对私淑传统的呼唤。

（本文为"大师私淑坊"系列总前言,
2014年,上海书画出版社）

中国艺术品鉴藏的源与流

　　艺术品鉴藏的历史，与艺术的发展历史，自然有着密切的关系，但它与人类艺术行为的起源并不同步。不过，人类收藏活动的源头仍可推溯至人类的原始本能时期，即早期对食物的贮存和生产资料的收藏。经过漫长的文明进化，历经不同的历史阶段，鉴藏活动成为一项独立的社会活动。在技术和文化的支撑、催化下，艺术品鉴藏不断地借用了更多的其他手段，灌注了收藏者更多的动机和精神寄托，成为了一种更复杂、更高级的人类社会行为。

　　考古发现有力地证明了这一点。在距今有五千多年之遥、尚处于新石器时代的中国大地上，今已发现多个中华民族从母系社会向父系社会过渡的重要遗址，其中红山文化和良渚文化最为典型。在这些文化遗址中发掘出了大量精美的玉器，说明当时已出现严格的等级制度。尤其是玉器的制作，需要大量的人员去寻矿、开采、运输，大量的时间去切割、琢磨、制作，其形制、制作风格之不同，更是蕴藏了丰富的寓意。由此，玉器的珍贵意义就不言而喻了。它从原始的装饰物，发展成为当时最重要的部落活动——祭祀的礼器和权力、身份象征的王室、贵族的配饰、仪仗。早期的艺术品都是实用功能的产物，但人们已懂得通过鉴别材料和制作工艺的不同，来认定其珍贵程度的不同，最后为不同阶层的人们，主要为少数贵族、特权者所拥有。玉器也许是中华民族最早具有被"鉴藏"属性的艺术品之一。

　　以此为起点，中国的艺术品鉴藏活动开启了五千余年的漫长历史。从此，中国人高超的艺术创作，与发达的鉴藏活动相伴相生，鉴藏活动的起伏，又与国家社会的政治、经济盛衰休戚相关。历朝历代的艺术品为国人鉴藏活动之发育和成长，提供了丰富的物质对象，而伟大的文明进程和长期稳定的社会形态，为鉴藏活动的繁荣提供了坚实的存在基础。中国艺术是华夏文明的重要组成部分，漫长的发展时期形成了独有的根脉和系统，它与华夏民族的宇宙观念、意识形态、思维方式，以及技术工艺紧密相关，特别是技术的发展在艺术创作中发挥了关键作用，它使艺术家的奇思妙想有可能成为千姿百态的物之形态，使众多的实用器物，变成了艺术品而留存于这个世上。在漫长的历史长河中，史前玉器、商周青铜、秦汉古玺、魏晋书法、唐宋绘画、明清瓷器，就如同中国文学之有楚辞汉赋、唐诗宋词般著称世界，并被公认为世界之瑰宝，艺术之巅峰。它们构成中国艺术品发展的基本源流和成就特征，鲜明地刻上了中国文化的烙印，更是历代鉴藏家财富和见识的骄傲，价值和精神的寄托。

伟大的艺术成就为艺术品鉴藏提供了客观条件，但鉴藏者的活动仍受制于外在的社会和技术条件，更与文化观念和时代风尚紧密相连，两者都深刻地影响着不同时期鉴藏者的主观思想。

在中国，鉴藏这种社会行为极早地就与政治与礼制相关联，这一方面与艺术品早期的功用性有关，另一方面，还因其财富的属性，而成为社会地位的标示、权力意志的象征。在物质条件匮乏的上古时期，财富高度积聚于上层社会，能有鉴藏行为的均为少数贵族王室成员，"子子孙孙，勿替引之"（《诗经·小雅·楚茨》），是他们渴望财富、地位延续的最好注脚，他们将"子孙永葆"之类的文字契刻在甲骨、礼器之上，以昭示这些宝物来到他们的身边，是上天的意愿，并告诫子孙世世珍惜、千秋不易。这无疑是所有既得利益者的共同梦想。因此，统治阶层为维护既得利益，保持社会结构的稳定，建构了宗法等级等制度，不仅以"礼之教化"施之于民而"止邪也于未形"（《礼记·经解》），且将具有怡情悦性性质的艺术品也赋予"成人伦，助教化"的道德教育功能，这些都成为后世统治阶层以宣示政教为主流价值观念的源头。

然而社会阶层的鼎革和国家之间利益的冲突，总是残酷地击破这些一厢情愿的美梦。因与财富和统治意志相关联，艺术品及其收藏者的命运也无可避免地与社会动荡共沉浮。《春秋左氏传》中就记录了大量宝物重器被频繁取用于政治外交，甚至于以求重器为借口而不惜杀伐征战的例证。

因此，中国早期的艺术品被赋予了复杂的社会职能，由此而产生的鉴藏观念也远远超出了对艺术品本身的关注，比如"匹夫无罪，怀璧其罪""玩物丧志""不贵异物贱用物"等等思想，都是中国早期人生观的重要组成部分。这些观念的起源，有的即来自艺术品及其主人在历史洪流中的经验教训。最为著名的例证就是"和氏璧"的传奇命运。这件由璞变璧的艺术品，被视为世间最珍贵的四件宝物之一（《战国策》载有"周有砥厄，宋有结绿，梁有悬黎，楚有和璞"之语），从卞和献玉的血泪故事开始，历时长达五百余年，涉及楚厉王以降数代帝王将相，演绎了惊心动魄的"完璧归赵"大戏，更将楚赵秦这些春秋战国列强几度卷入腥风战雨之中。和氏璧的命运堪称是所有鉴藏故事中的极致代表，它承载了人类由鉴藏而生发的几乎所有的思想情感。

早期文献中大量涉及宝物的相关记载，一方面说明春秋时期艺术品的藏、用活动进入了一个繁盛时期，另一方面，则体现了鉴藏观念与统治者利益和意志是密切相关的，它影响了社会的价值观念甚至国家行为。

可以一提的还有魏晋南北朝时期。彼时中国大地进入政权交替割据的局面，中原大批人口，尤其是社会精英多迁徙江南。因大一统的政治、军事格局被打破，独尊的儒学失去政治的维护而大为颓弱，文化思想迎来类似战国时期那样的自由活跃环境，其中以玄学和佛教思想分别赢得知识和世俗阶层的推崇而风行尤甚。在这三百余年间，主要在南方，文化艺术达到了空前的繁荣。尤其值得注意的是，在物质和技术条件支持下，以卷轴书画为主要鉴藏对象的艺术作品为更多的文人雅士所推崇，鉴藏活动冲破了统治阶层的权贵屏障。他们以卓越的才华，乘文事之盛，将文学、人物的品藻之风与艺术鉴赏相联系，大大开阔了艺术品鉴藏的审美视界和精神疆域，丰富了秦汉以降对艺术品功能、价值的认识。这种品鉴方式及其思想，在多位热衷此道的帝王如齐高帝萧道成、梁武帝萧衍等身上有充分体现。史载"魏晋之代，固多藏蓄……宋齐梁陈之君，雅有好尚"，如萧道成"以优劣为差，自陆探微至范惟贤四十二人，为四十二等，二十七秩，三百四十八卷。听政之余，旦夕披玩"（唐张彦远《历代名画记》），他们相互激发并予践行，在朝野形成风气。同时，又有历朝名家撰述著作，如齐梁谢赫《古画品录》、北周姚最《续画品》等文对如何辨别书画优劣相继作出归纳总结，逐渐形成了论评体系。这个时期的品鉴方式及其鉴赏理论，影响了此后历朝上至帝王下至民众，尤其是占艺术品鉴藏活动主体的士大夫群体，成为以后中国艺术品鉴藏的重要特征和理论体系的核心。

由此可证，在今天看来，艺术品的鉴藏纯粹是一种个体的行为，但在历史上，却与人生、社会、国家有着紧密的关系。中国历史跨度极大，它的历史轨迹、鉴藏手段、审美趣味，尤其是基于中国不同时期之历史文化背景下所演化生成的独有的中国鉴藏观，均值得今天参与鉴藏活动的爱好者及研究者好好去寻踪、探究。

如前所述，中国鉴藏史的跨度有五千多年之久，而期间因史料遗存和获得的情况不一，我们对各时期的认识也差异甚大，但大致我们可以从这样几个方面来观察其发展流变的总体状貌：

一、皇家收藏，是历代鉴藏活动的主体

"溥天之下，莫非王土，率土之滨，莫非王臣。"（《诗经·小雅·北山》）王权至尊和"家天下"，始终是中国这块土地上历代帝王意识里最为根深蒂固的东西。早期的艺术品从其基本特性中延伸出的品类群生、彰显教化、煊赫治功的功

能，就是王权有意宣示的各种表现，因而为帝王所看重。而随着艺术品形象、直观、美化、娱情等艺术本体特性发育得愈加显著，艺术创作的精神性沟通和悦目游艺的自由舒怀，得到了鉴藏者，尤其是王室的更为充分的认识。历朝帝王，尤其是那些对艺术品抱有浓厚兴趣、鉴赏眼光高人一筹的帝王，大多利用地位和权威，建府立制，或笑纳各方朝贡进献，或收罗天下珍品异宝，充栋内府禁苑；或调集天下名工巧匠，以为已用，形成以礼制政教为主体的"官家"宫廷艺术，他们的作为和标榜，直接影响了当时及后世鉴藏活动的方方面面。因此，中国历代鉴藏活动的主体是皇家。这一现象无论是在传世艺术品自身，还是在各种史志、著录中，都有充分的体现。

二、文人风尚，引领了民间私藏活动的潮流

与皇家相对应的是民间，不过这个鉴藏群体的主要构成是贵族、官宦和富商，一般平民布衣是无法跻身这个以财富为基础的特殊领域的。这其中文人士大夫是这个群体的意见领袖，他们有的以开阔的知识视野、深湛的学问根柢、较高的艺术品味，不断探寻和开掘了鉴藏活动的内在精神世界，有的甚至亲身参与艺术创作，将思想趣味与艺术表现相融合，标榜艺

术品的文化价值，分野雅俗之间，形成了不同时期的风尚。知识阶层大范围介入艺术品鉴藏活动，也起端于魏晋时期。这与当时王权相对松弛、意识形态自由、艺术创作活跃、精神文化需求旺盛等多种因素有关。从此，鉴藏活动与文人结缘。沿着这个轨迹，文人与中国艺术的各种形式发生了更加紧密的联系，并逐渐成为中国艺术的重要特性。当然，魏晋时期的鉴藏活动之所以繁荣，还与艺术品历经漫长的两汉时期的物质和文化铺垫准备，进入了市场流通领域，得以冲破皇权礼制的禁锢，成为一项可以留存于民间的文化活动有关，这是重要的准备条件。"有收藏而未能鉴识，鉴识而不善阅玩者，阅玩而不能装裱，装裱而殊亡铨次者，此皆好事之病也。"（《历代名画记》）以书画鉴藏为标志，知识阶层的介入，大大推动了鉴藏活动内涵的完备和形式的丰富。如前述谢赫、姚最之外，南北朝时期尚有羊欣、陶弘景、虞和、王僧虔、任昉、阮孝绪、袁昂、庾肩吾、顾恺之、宗炳、王微等一大批具有品鉴眼光的文人士大夫介入到书画鉴藏活动之中，不仅开启鉴藏著录一科，更以各自的学识大大推进了艺术品鉴的实践总结和理论研究。及至北宋，鉴藏风气蔓延到整个文人阶层，书画典籍的收藏，更是形成世家传统；欧阳修、赵明诚、吕大临等以博通经史之才，以金石学开启了鉴藏研究的崭新门径，且为鉴藏学体系的建立做出筚路蓝缕之功。到了明清两季，随着手工业的发达、海外贸易以及地下碑刻器物出土的增多，公私鉴藏异常繁盛，受朴学的影响，一些阁僚高官和学界大家发挥了至关重要的学术探究、引领鉴藏的作用，如文徵明、项元汴、董其昌、钱谦益、翁方纲、孙星衍、阮元、何绍基、陈介祺、吴大澂等等，都在多个艺术收藏领域内，成为知名的学者型鉴藏家。文人士大夫在鉴藏活动中地位的不断凸显，与他们在中国社会阶层中的地位变化极为有关。

三、鉴藏活动的盛衰，与历代的政治经济社会文化的发展轨迹密切关联

纵观历朝的艺术品鉴藏之发展，每逢社会政治清明、安定，经济繁荣，正是鉴藏活跃发展的大好时期，而鉴藏的重要对象——各种艺术品，包括字画和瓷器、铜器、玉器等各种古器物，本身也是前代及当代社会昌明文化发达的结晶，这印证了与艺术有关的技术条件和创作水平的不断提升。鉴藏活动开掘了艺术品的经济价值，推进了艺术的实践探索和与之相关的工艺发展，对社会经济文化的繁荣产生了积极的影响。但随着财富特性的愈加彰显，艺术品也诱发着人类本性中自私奢靡乃至贪婪的阴暗一面，因而随之产生了巧取、豪夺、贿赂、厚葬、盗墓、作伪等等与鉴藏相伴随的种种肮脏行为。

四、皇家宫廷艺术品高度聚集，造成中国
历代鉴藏亦得亦失

如前所述，历代鉴藏活动以皇家收藏为中心，数千年以来，历代帝王也一直以文明之邦为标榜，有着崇尚文物，聚蓄典籍、宝藏的传统。《历代名画记》所记汉武帝"创置秘阁，以聚图书，汉明（帝）雅好丹青，别开画室，又创鸿都学以集奇艺，天下之艺云集"，或许是史料记载中的皇家首次大型收藏行动。后代的帝王纷纷效仿，尤以新朝初立为甚，并不断在体量上扩充，在管理机制上完善。鉴藏之物供帝王"听政之余，旦夕披玩"。而社会稳定、王朝延续，宫廷往往累世接力，有的帝王雅重才艺，嗜好尤深，古之珍异，已充牣内府，仍更搜葺，以至天下宝物，收罗殚尽。如此高度聚藏的结果，就是所藏文物命悬国运，而最终等待的是王朝倾覆、宝物毁损流散的悲剧。秦汉之前不计，仅举此后的二例足可令人扼腕悲恸！如汉末董卓之乱，内府"图画缣帛，军人者皆取为帷囊，所收而西，七十余乘，遇雨道艰，半皆遗弃"（《历代名画记》）。东魏侯景之乱，"太子（萧）纲……所有画皆载入江陵，为西魏将于谨所陷。元帝（萧绎）将降，乃聚名画法书及典籍二十四万件卷，遣后阁高善宝焚之……"被史家盛赞的"自江左以来，年逾二百，文物之盛，独美于兹"（《南史·梁武帝本纪》）的

累世所藏毁于一旦！类似浩劫几乎每遇重大战乱、帝都失控之际，历朝都会悲剧重演，屈指数来，宫廷庋藏之殇，竟有十次之多，而造成的损失，实是华夏文明的一次又一次灾难。宫廷收藏是封建帝王专制统治下的必然产物，作为鉴藏史之主要构成，其始末成因，所得所失，洵足令后人深刻探究和反省。

五、分野于鸦片战争的中国艺术品域外鉴藏

无论是从中国鉴藏史完整性还是从世界文化交流的不同视角来看，域外中国艺术品鉴藏都是一个十分重要的内容。域内域外是中国疆域划分的传统方式，而与中国艺术品发生关系的，主要是指东亚［日本、朝鲜（含今韩国）、越南等周边国家］、西亚、中东、欧洲和北美（主要是美国）等国家和地区。这些区域、国家与中国的历史渊源和当时的关系各不相一，所受文化影响程度也不尽相同，因此鉴藏的情状也各不相同，对这些情状的研究有助于认识中国艺术品在世界范围内的影响和意义。

域外鉴藏首先要研究中国的艺术品是如何"走出去"的。中国虽然西困高原沙漠，东濒滔滔大海，但艺术品鉴藏活动的范围绝不仅限于中国本土，这是华夏优异灿烂的文明和坚韧不拔的民族秉性所决定的。通过最为著名的丝绸之路和海上

交通，中国最晚于秦汉完成了与周边邻国的沟通。借助贸易和外交活动，中国艺术品必然早早地担负起文化、经济交流的使命，丝绸、瓷器因最受域外民族的欢迎而成为了中国制造的主角，甚而演为中国的代名词。到了盛唐，对外贸易线路发展到了共计七条之多，距离、规模均创空前。宋元以后，随着罗马帝国的衰亡和中国经济的南迁，陆上丝路逐渐为海上"瓷路"完全取代，至明以郑和七下西洋为标志而达到鼎盛。此后朝廷屡颁海禁，海上贸易虽难以真正禁绝，但规模无疑大大受限。直至鸦片战争，国门被西方船炮彻底轰开，但此后的贸易主导者和"走出去"的方式完全颠倒，中国艺术品流转海外的方式和影响，也截然改变，鉴藏活动的性质发生了根本变化。与中国近代历史的转捩一样，鸦片战争成为中国域外鉴藏活动的转折点。

　　海禁的实施，是清廷"闭关锁国"政策的一个部分，有史学家认为是它摧毁了中国的发展道路。1840年起的两次鸦片战争的失败，是朝政腐朽至极的必然。而1860年10月的圆明园劫难，更是将灾难与中国艺术品直接挂上了钩，英法联军劫掠园中珍宝十一天，并纵火焚烧三天三夜。这不仅导致了这座旷世园林和一百五十万件艺术品直接被损毁劫掠，更开启了近世中国文物不断流散的噩运，成为中国鉴藏史上最大的一次浩劫。就在清王朝命数将绝之时，震惊中外的殷墟书契和敦煌宝藏又先后发现，正值动乱的中国无力看护这些重大发现的成果，仅敦煌文物就被英法俄日美等国多支探险队以探险名义巧取掠走至少二万六千件。进入民国，仍国事动荡，战乱连绵，从出土文物到传世珍宝，从故宫到民间，国内外各种势力和个人利用抢掠、偷盗、贿授、骗夺、私贩、交易等种种手段，导致中华文物频频流向海外，以至无法计数。所幸的是在此间最大的两次战争（抗日战争和解放战争）中，中国艺术品最重要的遗脉——皇家珍藏，历经万险，但大体未损，虽此后海峡相隔，但仍在中华子孙手中，也算创下一个鉴藏史上最庆幸的奇迹。直至新中国建立，动荡逾百年的一段伤心史终于画上了句号。

中国艺术品身处异邦的命运及其产生的影响，是鉴藏研究的另一个重要内容。囿于地理和语言的阻隔，我们对于域外的中国艺术品鉴藏史料知之甚少，海外公私藏家的文献尤其急需今天的学者去努力寻访、挖掘。极为难得的是，在日本，我们至今还可以看到奈良正仓院，它的价值，不仅仅是因为拥有保存完好的诸多中国珍宝，还因为它是八世纪遗留至今的中国艺术品在日本被鉴藏的原生态标本。鸦片战争后（至新中国建立前），中国艺术品流出呈现两个特点，其一是流出量大，其二是流出等级高。就导致域外鉴藏的结果看，也形成两大状况：第一，快速流散，数量庞大，现世界各地都有中国艺术品的大型收藏，其获取时间大多正是在这段近世中国文物大量流出的时间；第二，流散的文物多为国宝，其中许多为新出土文物。这些高等级的艺术品客观上增强了域外他国对中华文明的更多认识，中国艺术品的价值一定程度地得到提升。典型的例证，是1935年英国皇家艺术院在伦敦举办的大型展览"中国艺术国际展览会"。这是在大量文物流出的背景下，由英国一些著名藏家和博物馆将联合征集到的包括故宫文物在内的世界藏中国艺术珍品进行展览，是世界历史上首次集中展示中国的艺术成就。展览吸引了前所未有的参观人群，成为轰动全球的艺术盛事。中国被当时媒体誉为最具艺术气质的国度之一，足以与古希腊、意大利相媲美。展览极大地加深了西方对中国文物鉴藏和研究的认识。

在这个过程中，欧美和日本的收藏家和古董商扮演了主要角色。他们与一些中国商人一起，施用种种手段，推动中国艺术品成为世界鉴藏活动中的重要内容，多次掀起世界范围内的中国热潮。这其中最为著名的藏家如英国的斐西瓦乐·大维德（Percival David，1892—1964），他后来成为二十世纪英国乃至世界最有实力、最有影响力的中国文物收藏家和学者，藏有一千四百多件中国瓷器，多数为官窑中的精品和带重要款识的标准器。美国则有弗利尔（Charles Lang Freer，1854—1919）和顾洛阜（John M. Crawford，Jr.，1913—1988）。弗利尔以收藏东亚美术品而著名，后受来华传教士福开森（John C. Ferguson）影响来过中国，收购大量一流中国青铜器、玉器、陶瓷和雕塑，创建著名的弗利尔美术馆；顾洛阜则凭自己的悟性和见识，以钟爱并致力收藏中国古代书画珍品闻名，1984年前他陆续将自己所藏捐献给美国最大的博物馆——美国大都会博物馆。最出名的古董商则有日本的山中定次郎，他乘中国文物流散之机，向各国藏家、拍卖行销售了大量不同种类的中国艺术品，其中包括宋官窑青瓷和清朝秘宝官窑珐琅彩瓷。此外，还有祖籍中国而游走海外的古董商卢芹斋（1880—1957），他以古玩店学徒出身，对鉴识中国艺术品有精湛眼光，先后在中国、美国、法国开设古董店，据传欧美所藏中国文物，多半均经其手。

　　如今，即使从近世算起，中国艺术品在域外的历史也已经有将近两个世纪了。在如此漫长而又复杂的历程中，尤其是在近代以来付出惨重代价后，我们历数那些人和物，心中不由泛起复杂的感情。但总体而言，中国的历史文化和艺术成就逐渐赢得了世界的尊重，尤其在今天，中国综合影响力的上升，更推动了域外对中国艺术品珍贵价值的再认识。客观上，域外的中国艺术品收藏，与其他国家或民族的文明成就一起，汇聚成了人类共同进步的光环。

　　我们梳理了中国艺术品鉴藏的源流及其一部分特性，大致可以感受到"艺术品鉴藏"一门，有着极其丰厚的内容和复杂的历史轨迹，它可能由物（艺术品）或人诱发一段机缘，产生复杂的事态、感情甚至思想，由此开启一段物（艺术品）的"生命"历程。这一"生命"也许片刻夭折，也许顽强地生存且延续若干代人；它同它的不同主人恩恩怨怨，历尽磨难，也犹如沧海一粟，见盛观衰，尝尽世态炎凉。它诞生于一方特殊的土壤，满身中国的基因，读懂它鉴别它珍视它，需要与它一样植根于中国的历史文化之中；评估它研究它欣赏它，需要积聚它历任主人的学识素养，并发扬超越前人的才华智慧和无微不至的爱心。

中国艺术品鉴藏就是这样一项富有神奇魅力的人类活动，它贯穿鉴别、流通、庋藏、欣赏等多个过程，每个过程既与艺术创作发展及其精神诉求有着紧密的关联，又有其自身的内在特性和规律，要真正掌握它，需有专业手段和学科知识做支撑，涉及诸如历史、社会、经济、文化、思想、心理等等领域，拥有极为丰富的内涵和精神世界。中国艺术品鉴藏源流历史如此悠久，近十几年来也已成为十分热门的行为和受关注的话题，但深入关注鉴藏内涵和史实的研究工作却并不多，且呈现出鉴藏界人士追逐利益多，鉴藏行为鱼目混珠多，问题研讨浮于表层多的现象。中国的鉴藏研究要向更高的学术水准发展，或有以下几项工作亟须得到学界重视：

1. 加强符合现代学术规范和体系要求的鉴藏学科建设。如上所述，与鉴藏学有关的领域如此众多，那就意味着它必然是一门交叉性学科，需要足够开阔的学术视野、结构多元的知识作基础，去总结传统的鉴藏学问和手段，吸收其他成功学科的经验，逐渐架构起一整套严谨的系统方法。这项工作在中国起步晚，虽有诸多有识之士推动，但许多相关的教学或研究往往仍限于专业的某一局部，尚未迈出整体的、学科建设性的步伐。

2. 加强追踪，梳理世界范围内中国艺术品的往世今生，加快挖掘、整理相关的历史文献。这是鉴藏学科发展和研究的基础。如上所述，历史上尤其是近代以来，中国艺术品散失的情况非常严重，今人应利用各种条件弄清历史上和现存的中国艺术品状况。另外，有关中国鉴藏方面的文献，总体上呈前疏后详的特征，如何去伪存真，辨析纷乱的信息，相关专家应继承、发扬中国学术传统，系统整理史料，开掘传统著录之外的海内外新文献，以便今人站在前人肩膀上，去接近历史的本相。

3. 要融汇与鉴藏有关的各项学术成果，运用科学严谨的研究方法，将个案研究和宏观论述相结合，系统梳理和总结中国的鉴藏史。一方面，我们要将鉴藏史放入中国历史之中，放在具体的政治经济文化环境下，去探寻接近人（收藏者）-物

（艺术品）－事（过程）的真实，去追寻它们之间的关系、缘由和潜藏的意义。另一方面，我们要用更大的视野，将中国鉴藏史放置于世界的格局中，去直面、探寻、记录、辨析在异乡他国的中国艺术品鉴藏的行为、过程及其理解、认识，去审视中外有关鉴藏文化的差异，这其实是对近代以来中华文明在世界中之价值命题追问的延续。

4. 要从艺术与鉴藏之间的关系来审视两者的相互作用。艺术品是鉴藏的对象，在一定条件下，这种关系将发生互换，鉴藏的主观意愿，或形成主导或形成群体风尚，又作用于艺术品的创作：随着鉴藏者欣赏口味的变化，艺术创作的审美趣味、创作观念、方式风格都会产生相应的变化。而随着鉴藏活动的深入，艺术作品价值的提升，艺术品的作伪和鉴伪也应运而生。艺术与鉴藏之间，在不同时代，产生了无数的案例和话题，是鉴藏学科需要花大力气去梳理、研究的课题，也是对当今鉴藏活动最有现实影响的主题。

艺术品鉴藏是一种社会活动，也是一种精神活动。根植于中华民族文化土壤的中国艺术，以其独特的呈现方式屹立于世界之林，并以其所承载的独特魅力和东方精神，滋养着每一位与它相视而会意的观者、藏家。这就是中国艺术品鉴藏的魅力所在——人与藏品达到"相知""通神"的境界。鉴于中国艺术品鉴藏的内涵如此之丰富，而与之有关、需要去展开的工

作如此之多，如何搭建平台，搜寻海内外史料，研究出版内容
翔实、史论交互、方法新颖、主题鲜明的高质量研究著作，为
发掘久封尘埃的史料，厘清错综迁延的鉴藏史脉络，寻绎和逼
近历史真相，这是亟待看到的学界动向。我们期盼海内外更
多的学者，来为中国艺术品鉴藏史的深入研究，作出共同的
努力。

（《文汇报》，2017年5月25日）

时代呼唤插画大师

　　绘画的产生，源于人类对世界认识的一种表达。古人很早就明了文字、图形各有所长，是对大千事物认识的互补，因此在中国，图画早就伴随着书籍形态的变化而成长。郑樵《通志·图谱略·索象篇》云："古之学者为学有要，置图于左，置书于右，索象于图，索理于书。故人亦易为学，学亦易为功。"我们打开历代艺文志、经籍志，各类图书中图文相合者源远流长。自唐始，图书进入雕版印制时代，中国典籍插图开启了新的传统。鲁迅《〈木刻纪程〉小引》云："中国木刻图画，从唐到明，很早曾经有过很体面的历史。"很体面者，可夸耀之繁盛时代也；繁盛者，源于刻书之雕版业的发达也。而刻书业的发达，源起于城市化平民阶层的扩大而引发的对文化生活的需求。

　　中国拥有灿烂丰厚的典籍遗产，插画在找到可以便捷复制的载体——雕版之后，便显示出易于传播的优势，很快将题

"插画大师"系列书影

材涉及到儒家经典、宗教经卷、人物风俗、小说传奇、诗歌戏剧、博古器物、建筑车船、山川舆图、鸟虫植物等等各个门类。尤其是诗歌、小说、戏剧等典籍，均成为民众最为喜欢、插画最为丰厚的内容源泉。如宋元时期评话讲史小说风行，刊刻了著名如《古烈女传》《至治全相平话五种》等一批插图本；到了明代，杰构有《重刊元本题评西厢记》《忠义水浒全传》《诗余画谱》等等。其中如《西厢记》，就被明清两代插画师不断演绎，其中明刊插图本就有近六十种。经典之所以成为经典，乃是因为不断被后人诠释，插画正是诠释的方式之一，因此插图毫无疑问地成为中国文脉的传承方式之一。

由于中国书籍的制作是靠木板刻刷，书籍的插图最终也是以雕版画的方式呈现出来。因此，插画的精美程度，关系读者的接受度，对刻工的绘画素养和镌刻技能有着较高的要求。回首版刻史，在不同时期、不同区域，乃至不同的家族之间，插画刻工都留下了各自独特的表现风格，创造了极高的绘刻水准。尤其是到了明代中后期，一批职业画家如唐寅、仇英、丁云鹏、陈洪绶等重量级画家，也加入到版画创作中来，使得插画的艺术水准大大提升，一时"图画俱系名笔仿古，细摩辞意，数日始成一幅。厚觅良工，精密雕镂，景物灿章"（明张栩《彩笔情辞》自序）。在前后一千六百年的版刻时代，历朝都有一批能工巧匠献身于雕刻版画事业，他们不断推进雕刻技法的成熟，显示出蓬勃的创作生机，并诞生了一批风范后人的插画大师。在漫长岁月中累积的优秀插画作品，形成了鲜明的中国插画传统，成为后世插画师师法的艺术典范。尤其是明代，被誉为版画的黄金岁月，它繁华的历史和大量出现的版画作品，为我们的文明史谱写了一个辉煌的插图时代。文学之有汉赋唐诗宋词元曲，艺术品之有青铜古玺绘画书法瓷器，而明季雕版插画，它当与之并列而为中国文化的重要遗产，值得我们后世为之骄傲。

因此，在中国，"读图时代"古已有之。然而相比于当今读图时代的热闹，一个尴尬的现实是，作为中国图书传统的内容之一，图书的原创性插画是少而又少，尤其是为古典名著而绘的新插图几乎处于荒芜境界，为图书配画的插画师几乎绝迹。为什么一个拥有如此辉煌插图历史的国度，当它再度迎来民众的"读图时代"时，反而中断了中国文脉的一种表述，丢失了插图的传统？这不能不令人探究缘由，叩问今人！

以古视今，以曾经的历程作为参照，我们细加分析，繁盛的"插图时代"，具备几个特征：

其一，印刷业需高度发达，复制图像便捷而廉价。中国的版刻盛衰，与雕版业起落同步，及至晚清，传统雕版的刻书业，已无法与西洋现代印刷业相抗衡，雕版插图的辉煌时代只能黯然离场。而在十九世纪的西方，普通民众已开始享受大机器生产所带来的精美的印刷产品，书籍、杂志和报刊中尽是专业的插画师绘制的各种风格的插画。在中国，虽然现代印刷工业早就进入各大城市，但真正使彩印普及且为民众所消费与接受，则仍然要晚至前述之"读图时代"的来临，即上世纪九十年代后期。

其二，有一批高水平的插画家从画家这个大群体中分离出来。他们或视插图为职业，或视插画为荣誉成就，专门或有意识地从事插图的创作，并出品一批为大众喜爱乃至追捧的作品，从其中诞生若干著名的插画大师。前已举了中国的例子，西方亦是如此，如德国丢勒、法国多雷，分别曾创作《启示录》《神曲》等插图巨制，影响延播至今。他们执着而高产，如多雷一生创作插图本四千种，插图数量超过一万幅，真正是世界级著名插画大师。他们以卓越的插画作品影响无以计数的人。

其三，市场需求旺盛而持续。喜欢插图的读者要形成较大群体，热爱、关注、追捧书籍的图像表达，并能以购买方式形成需求，促使产品获得商业成功。而广泛读者群体的形成，内在条件是以民众的教育和艺术修养做基础。

以上三个特征可用来作为我们审视当下的插画能否获得原创动力的基本条件，用来推测"新插画时代"能否"王者归来"。第一点早已不存在问题，当今的印刷产业已达到前所未

有的发达程度，并且仍然在向着满足大众更多需求的方向快速
发展。第三点也不是问题，改革开放三十多年，我们获得了一
个越来越好的普受教育时代，民众除知识需求之外的文化精神
需求前所未有的高涨，书籍的插画必是相当一部分读者的刚需
阅读需求。

　　然而我们梳理上述第二点，则显然存在问题，即当今没
有几个优秀的画家在为书籍作插画。随着经济发展和人们对艺
术价值的重新审视，画家在经历了艺术品进入市场的生存考验
之后，绘画观念和创作目的，都发生了巨大改变，而因炒作而
形成的所谓市场价值虚高，与书籍出版稿酬偏低，形成了巨大
的反差，使得绘制书籍插画完全丧失了对画家的吸引力。没有
优秀画家的介入，就难有优秀的原创的插画作品，因此我们看
到了"读图时代"里插画舞台的尴尬冷场。

　　插画是否应该继续这样冷场下去？插画应如何面对新时
代读者的需求？插画能否在当今社会发展中贡献自己的力量？
要改变面对今人、面对历史的尴尬，也许很难，但认真地回答
上述问题，则是更有作为的画家们应该思考的。

　　画家们现在最为迫切的，还是要回归艺术创作应有的平
静状态和宠辱不惊的处世心态上来。但这也是当下社会许多行
业最需解决的问题，因此创作业要提倡"工匠精神"。

　　其次，要认识绘画的社会功能，除了寄托个人思想、情

致，还要为社会进步作出贡献。这是实现价值回报的前提。

第三，插画家还是要以刀笔表现出他们的绘画功力和艺术才华，要以辛勤的付出和可观的艺术成就，换取观者的喜爱和尊重，要有能被大众接受的勇气，要对得起新时代读者愈渐提高的审美眼光和对原创插画的期望。

第四，要有超越当下眼前经济回报的长远眼光，这种艺术家的案例，历史上不胜枚举。

好在经历了三十年左右沉浮，中国的艺术界终于适应了经济浪潮带来的眩晕，开始回归其应有的状态。我们欣喜地看到，一些优秀的画家，包括改革开放以后出生的新生代画家，开始重视从传统文化中吸取营养，进而选择成为从书籍内容出发的插画师。

2015年盛夏，在上海图书馆第二届版画日，我们与上图共同召开中国古典名著版画插图创作座谈会，会上我们启动了"中国古典名著插画新镌"这项工程。我们的倡议得到了版画界一些优秀画家的支持，这令我们信心大增，我直观地感觉到，我们正在聚合有力的力量，来跨越插画原创的种种难点，我们也有耐心有信心等待新时代诠释中国古典名著的新家样的出现。我们愿意以出版人的身份，竭尽全力地助推这个时代的早日到来。为此，我们做了如下设想：

1. 邀请优秀画家，共同致力于承续我国的插图传统，分析研究当下的读者阅读接受方式，创作富有时代审美特性的插图新作。

2. 聚焦中国经典，尤其是凝聚民族精神、大众喜闻乐见的文学名著，来进行插画创作。用上当今所有可行的绘画手段，尤其鼓励用传统的中国画和版刻艺术。

3. 与志趣相投的各方合作者，共同来营造中国典籍插图的新阅读文化氛围。

4. 邀请古典学专家，为签约插画师专门讲解古典名著，帮助他们深入、准确地理解古典名著。

我们定名"新镌"，是向已有一千六百多年历史的中国书籍版刻插画致敬，是想携手志趣一致的画家一同承担起插画的悠久传统并发扬光大；我们定义的插画，是以各种绘制方式，在平面上对原著内容进行形象再现，是具有独到审美表达的独幅或有一定连续内容属性的艺术品，但不是连环画。

当代的插画创作环境，和古代相比已经发生了重大的变化。对画家而言，如何准确把握原著内涵并获得新诠释表现方式，是最大的挑战。对出版人来说，如何找到或培养出具有高文化素质的优秀插画师，并将其作品扶持好传播好，都需付出艰巨的努力。

我们相信，插画与古典名著不会分离，插画也不应该缺席伟大的时代。中华民族拥有几千年光辉灿烂的文明，拥有无数影响世界的典籍、脍炙人口的感人作品、启迪民族心智的篇章，它们都等待着伟大的插画师，以现代的刀笔乃至鼠标，再现先人的喜怒哀乐和精神智慧，描绘出感动今人的新作。因此，先人在呼唤当今的伟大创作，时代在呼唤当今的伟大插画师。

（2017年7月小暑于鼎秀园翰景居）

篆刻艺术发展动力的史学诠释

——《中国篆刻流派创新史》代序

  我对2009年初夏公布的上海高考命题作文题记忆犹新，作文题的要求是以郑板桥的书法为材料写一篇议论文，对其"不可无一，不可有二"的后人评价发表看法。"不可无一，不可有二"这个对当今高中生来说仍属生疏的名言，让我立即联想到了韩天衡先生，因为韩天衡先生有一篇在篆刻界非常出名的文章，标题用的就是这八个字，它后面还有个副题——"论五百年篆刻流派艺术的出新"，但是这篇文章发表于1981年的《美术丛刊》上，离2009年高考已隔二十多年，显然那些莘莘学子们是难有先见之明，去受韩先生这篇论文的滋养而获得加分机会的了。即使自感关注学界的出版人如我，当时也是因多人在论文中常援引韩天衡先生的这篇文章，才在脑海里留下了印象，却也并未去觅取原文来拜读一番，说起来这真是件惭愧的事。但老天终究是要命我在韩先生这篇文章中获取可贵教益的。2009年我们合作出版了韩天衡先生领衔主笔的《篆刻

三百品》后，在与韩先生的交流中得知，他将给我们的另一部
重要书稿，正是要以这篇文章为纲领，全面阐述五百年来的篆
刻艺术发展史。这实在让我满怀期待，并下决心利用审稿机会
更多地了解韩天衡先生彼时此刻整整三十年印学研究的学术思
想。今天，这部从一万字扩展至十五万字，汇集四百多枚钤印
及众多印学史料，全面、系统论述明清以来篆刻流派萌发演化
的脉络，着重开掘、阐述五百年来印章艺术发展内在动力，命
名为《中国篆刻流派创新史》的著作已经呈现在我们面前。

　　其实"不可无一，不可有二"的出处远早于郑板桥时
代，《南齐书·张融传》载："（太祖）见（张）融常笑曰：
'此人不可无一，不可有二。'"后人常以此典来比喻不可多
得的异才。韩天衡先生将其冠为论文篇名，又扩充了它的内
涵，使之成为其篆刻艺术研究的基本史观。探察论文发表的
当时背景，正处于"文化大革命"后篆刻艺术复苏期。此
时篆刻学习资料相当匮乏，广大青年篆刻爱好者对明清流
派篆刻错综、纷繁的发展脉络与艺术风格还是懵懵混沌，
无从系统领略、学习到前人的艺术遗产。而韩天衡先生通过
自己的刻苦勤奋，并借各种机缘广泛涉猎，以二十余年艰苦
的探索与锤炼，将自身的篆刻创作推入到成熟期，他不仅被
明清流派篆刻艺术中开山巨匠们的创新奋进精神所折服，更
清醒地认识到艺术创作如守旧恋古是完全没有出路的，只

是别人的附属品。《不可无一，不可有二》论文的发表，对明清流派篆刻中创新家们成功的奥秘作了细致、深入的剖析，并鲜明地提出了他的篆刻艺术史观，以及自己艺术实践的主张。这一观念对上世纪八十年代初期还热衷于以模仿吴昌硕、齐白石等为能事的篆刻作者来说，无疑是超越时代的。

《不可无一、不可有二》论文发表至今已整整三十年，而这三十年可以说也是当代篆刻艺术发展最为繁荣的阶段，这与韩天衡先生身体力行，并有意识地引领将创新视作为艺术家的普遍实践认知，是有重要关联的。但随着艺术面貌个性追求的多样性发展，传统和求新，这个永远争论不休、难以把握的难题再次凸显。在当下新生代篆刻爱好者中，出现了不少忽视传统，极力模仿当代流行印风的倾向，韩天衡先生再次看到了与三十年前相反，但实为五十步与百步的问题，因此认为有必要重提篆刻艺术创新的话题。《中国篆刻流派创新史》正是在这样的背景下成为韩先生的又一部研究型著作。

上世纪八十年代以后，韩天衡先生将更多的时间用于印学史料的爬梳整理和研究之中，由他执笔的《中国篆刻艺术》，以及《中国印学年表》《明代流派印章初考》《五百年印章边款艺术初探》《九百年印谱史考略》等重要著作和论文先后面世，表明他的艺术视野更加开阔，学术根基更加深厚。

《不可无一、不可有二》论文因时代性与篇幅的局限，当时论及作者的下限仅至齐白石，特别是对新中国成立以后篆刻艺术的创新作者未作叙述。而此次《中国篆刻流派创新史》将下限也延伸到了二十一世纪的方去疾先生，通过采集更为丰富的史料，并以明清流派篆刻发展史观进行统摄，对各位创新家的代表作与时代背景进行了更为详细的鉴赏与论述。

　　"不可无一，不可有二"这一极具哲理意味的命题，基本概括了韩天衡先生的辩证艺术史观。"不可无一"，标刻着历史进程中传统承续的连接点；"不可有二"，则是傲视同道的霸气和流风后世的范式建立。这一命题中，韩天衡先生辩证地转换视角，在古人和自我之间，在传统和创新之间，给出了双向选择，即让传统中有"我"，让"我"中有传统，用传统修正自己，用创新来激励自己。

　　在艺术学发展史上，创新是一个早就为艺术家和艺术批评家不断认识、开掘内涵的命题，梁刘勰在《文心雕龙》中就已专设《通变》一章，详细阐述"通""变"的内核，并辩证阐发了继承（通）与出新（变）的关系，变就是创新。在明代第一部印论专著、万历年间的周应愿《印说》中，亦辟两专章分别冠名《创新》《变化》，就文人篆刻渐为风尚，篆刻艺术实践有所积累，及时提出探索印章艺术的审美标准和创作观念，指出"古法固须完，新意亦可参"，并以《周易》"与时消息"

来阐发他的创新史观。"入古出新""通古变今",后代篆刻大家正是高度重视了这个命题,并以个人与群体相融合的方式予以实践和认知,创造出了一个堪与秦汉印章相媲美的艺术高峰。

韩天衡先生在本书中正是总结前人的艺术理论,并将这一重要命题以史学的视角加以高屋建瓴的观照。他曾经将"推陈出新"改为了"推新出新",虽一字之改,但却别具新意;并阐释"推"是推进、推动,而非推翻、摒弃。他的理论是"艺术必须'推陈出新',别无它途,而其本质在于'推新出新'。那些以往大师们经典传统的、我们无数次模仿的作家和作品,它们都是当时开创的新面孔,时空并不能遮盖它新的光芒。我们要学习往日之新,推出今天之新"。他的这个理论的依据,就是在书中援用大量创作例证的基础上,条分缕析后得出的对艺术发展规律的总结。传承是文化生存和发展的基础,创新则为之注入源源不断的活力,这无疑是韩天衡先生对近五百年来篆刻流派发生发展无比犀利的洞察。

除上述论述之外,《中国篆刻流派创新史》还有以下几项主要特色。

1. 以篆刻发展史观和流派嬗变视角遴选篆刻艺术家。

五百年来篆刻艺术史中的作者数不胜数,而真正能匠心独运、自创风格者也寥寥可数。本书选入的四十六位艺术家,均为流派的开创者和贡献者,或者是具有敏锐的创新意识、作品风格新颖的先进者。其中有像丁敬、邓石如、赵之谦、吴昌硕、黄士陵、齐白石等开宗立派的大师，他们不论在篆法、章法还是刀法上都作了前无古人的全面变革与创新；其他还有像曾衍东、赵穆、谢磊明、丁衍庸等长期被人忽视，或在某一技法上能锐意创新的作者，这些人都在该书中作了挖掘。而像在明末清初士大夫们以"不得一篆则心耻以为欠事"的胡正言，与吴昌硕等并称"江南三铁"的王大炘，吴昌硕的得意弟子徐新周、王个簃等，他们虽生前印名颇盛，但以篆刻艺术历史发展的角度来观察，其创新元素甚罕，本书则摒弃未录，因此可见著作者之用心。

2. 全书体例严谨，脉络梳理清晰，编排主次分明。

全书论述有主次、纲目之分，版面划分清晰，既突出了流派开创者的地位，也反映了群星璀璨的历史盛景，可以一览诸篆刻流派的谱系脉络：如明代文彭、何震、苏宣、朱简、汪关及清代诸位开山大师，都被放在重要的位置；而取法前人一翼加以发挥完善者，其艺术成就与历史地位是不能与开创者相提并论的，则置于从属的地位，虽如晚清杰出的篆刻家吴熙载，在现代印坛名气极盛的邓散木等人，也在所难免。这一论述和排式，充分体现了本书作者站在篆刻艺术历史发展的高度，所采取的辩证、客观、公正的论述方式。

3. 通过对入选作者的代表作进行细致入微的分析，来梳理流派篆刻的艺术价值和创新意义。

作者对数十位创新艺术家的作品不做虚空、浮泛的评论，而是通过对几百件代表作进行详细剖析，做到鞭辟入里，言之有物，并时时涉及到作品创作时的政治、社会、考古等历史背景。另外对像赵之谦、吴昌硕、黄士陵等创作数量或风格繁多的篆刻家，作者对他们作品的艺术形式进行了全面的分类、归纳，使读者在欣赏和创作时均便于对照，看清脉络。

4. 全书引入大量新发掘资料，体现了最新研究成果。

当代诸多篆刻书籍中刊载的资料往往雷同，以致引用的图版翻来覆去，使读者失去新鲜感。而本书作者大力挖掘新的资料，甚至不惜重金去购买原拓印谱，像苏宣的《苏氏印略》、赵穆的《小琅嬛室藏印》和齐白石早年印谱等，均为传世无多的珍贵谱录。这些罕见印蜕资料的引用，使读者对他们篆刻创作的来龙去脉更为清晰，对他们风格的多样化愈加欣赏不已，更增添了本书的可看性和原始史料价值。另外像传世无多的文徵明、文彭父子篆书作品，赵之谦著名的"仁和魏锡曾稼孙之印"中倒立马戏阳文边款所参考的汉代画像原件，以及对一直盛传的齐白石常以肘臂顶刀杆刻印的误解，都有作品或照片作了很直观的例证，这些也都是他人著述中所未见的。

我拜识韩天衡先生于上世纪八十年代末，当时我有意约他撰写一部历代印章艺术鉴赏方面的书稿，那时韩先生还在画院任副院长并主持工作，非常的忙碌，结果是未能如愿。时光荏苒，十余年后，我有幸专门从事艺术领域的出版工作，再次拜谒了韩天衡先生，并得到了他的极大支持，可谓是"再续前缘"，如愿以偿。在韩天衡先生的精心组织、亲自操刀下，仅以半年多的时间便高品质地出版了《篆刻三百品》一书，获得极大成功。在编撰《篆刻三百品》时，我多次聆听韩天衡先生召集参与写作的弟子，讨论撰稿中遇到的各种问题，深感其治学之严、学养之厚，尤其是对篆刻艺术发展、流变的轨迹和规律具有深刻的洞察，"不可无一，不可有二""推新出新"，便是他艺术史观最形象最概括的语言，经常用来说明文人篆刻艺术发展的内在动力。今天这部《中国篆刻流派创新史》，以更为系统的架构、更加翔实的史料，深入阐述了篆刻艺术的复兴时代——明清以降的流派时代及其艺术精神，堪称是韩天衡先生数十年学术思想的结晶。这不由得让我自然联想到，韩天衡先生自己在上世纪七十年代成名以来，又经历多次嬗变突破，形成了奇中见平，动中见静，传统意韵深厚，又独标时代风貌的艺术风格，已卓然成为当代大家。毫无疑问，韩天衡先生正是以他从艺术史研究中获得的历史启迪，指导了他的创作，并以他的艺术实践诠释了他的创新史观。我为自己三年中见证和参与韩天衡先生两部重要著作的出版，感到无比的荣幸。

张炜羽君是韩先生的亲炙高足，长期在韩天衡先生身边

《篆刻三百品》书影

接受熏陶，其性也恬淡，其思也缜密，治印近三十载，以楚简
帛文字入印，气息古雅，已获褒赞；又深谙"印外求印"的道
理，孜孜浸淫古典，增进旧学素养，于篆刻史格外探究，筑起
厚实基础，从《篆刻三百品》已获见其功底和识见。今其师再
度相中于他，让他作为新著助手，无疑是对他的最大肯定和信
任。现观其文，颇感其刻苦不懈，史料收集详备，演绎丰富，
且能将韩先生要义领悟融汇，并贴切生发，应未负所望。放眼
时下，能如此敏而勤奋、兼顾学艺与学术，实属难能可贵。

　　人类美的历史，可以说是一部美的探索的历史，而美的
探索，源自于人类对于审美理想的精神追求。真正的艺术家应
排除名利，百折不挠，探索不止，因为创造美才是艺术家的使
命，才是艺术发展的真正动力。这也应是衡量艺术家境界的重
要标准。我们研读《中国篆刻流派创新史》，顺着书中所梳理
的脉络，历数历史时空中一位位皓首穷"印"、耕耘方寸的篆
刻家的身影，或许也能认同这样的观点，并将这种启迪运用于
当下的艺术创作和印学研究中去。

　　我学也晚，未探印学门径，本不敢在前辈著作前"大放
厥词"，但因韩先生直命在前，难以不从，只得写下屑屑粗陋
之见，惟祈天衡先生、炜羽君与广大读者勿责咎也。

（辛卯初夏于西泠翰景居）

"中国碑帖名品"前言

　　中华文明绵延五千余年，文字实具第一功。从仓颉造字而雨粟鬼泣的传说起，历经华夏子民智慧聚集、薪火相传，终使汉字生生不息、蔚为壮观。伴随着汉字发展而成长的中国书法，基于汉字象形表意的特性，在一代又一代书写者的努力之下，最终超越其实用意义，成为一门世界上其他民族文字无法企及的纯艺术，并成为汉文化的重要元素之一。在中国知识阶层看来，书法是中国人"澄怀味象"、寓哲理于诗性的艺术最高表现方式，她净化、提升了人的精神品格，历来被视为"道""器"合一。而事实上，中国书法确实包罗万象，从儒释道到各家学说，从宇宙自然到社会生活，中华文化的精粹，在其间都得到了种种反映，书法无愧为中华文化的载体。书法又推动了汉字的发展，篆、隶、草、行、真五体的嬗变和成熟，源于无数书家承前启后，对汉字美的不懈追求，多样的书家风格，则愈加显示出汉字的无穷活力。那些最优秀的"知行合一"的书法家们是中华智慧的实践者，他们汇成的这条书法之河印证了中华文化的发展。

因此，学习和探求书法艺术，实际上是了解中华文化最有效的一个途径。历史证明，汉字及其书法冲破了民族文化的隔阂和时空的限制，在世界文明的进程中发挥了重要作用。我们坚信，在今后的文明进程中，这一独特的艺术形式，仍将产生出巨大的力量。然而，在当代社会经济高速发展、不同文化剧烈碰撞的时期，书法也遭遇了前所未有的挑战。这其间自有种种因素，而汉字书写的退化，或许是书法之道出现踟蹰不前窘状的重要原因，因此，有识之士深感传统文化有"迷失""式微"之虞。书法艺术的健康发展，有赖对中国文化、艺术真谛更深刻的体认，汇聚更多的力量做更多务实的工作，这是当今从事书法工作的专业人士责无旁贷的重任。

有鉴于此，上海书画出版社以保存、还原最优秀的书法艺术作品为目的，承继五十年出版传统，出版了这套"中国碑帖名品"丛帖。该丛帖在总结本社不同时段字帖出版的资源和经验基础上，更加系统地观照整个书法史的艺术进程，汇聚历代尤其是今人对不同书体不同书家作品（包括新出土书迹）的深入研究，以书体递变为纵轴，以书家风格为横线，遴选了书法史上最优秀的书法作品汇编成一百册，再现了中国书法史的辉煌。

为了更方便读者学习与品鉴，本套丛帖在文字疏解、艺术赏评诸方面做了全新的尝试，使文字记载、释义的属性与书法艺术造型、审美的作用相辅相成，进一步拓展字帖的功能。同时，我们精选底本，并充分利用现代高度发展的印刷技术，精心校核，原色印刷，几同真迹，这必将有益于临习者更准确地体会与欣赏作品，以获得学习的门径。披览全帙，思接千载，我们希望通过精心编撰、系统规模的出版工作，能为当今书法艺术的弘扬和发展，起到绵薄的推进作用，以无愧祖宗留给我们的伟大遗产。

（"中国碑帖名品"，2011年，上海书画出版社）

"中国绘画名品"前言

  中华文化绵延数千年，早已成为整个人类文明的重要组成部分。绘画是其中重要一支，更因其有着独特的表现系统而辉煌于世界艺术之林。在经历了人类早期的童蒙时代之后，中国绘画便沿着自己的基因，开始了自身的发育成长。它找到了自己最佳的表现手段（笔墨丹青）和载体形式（缣、帛、绢、纸），它深深植根于博大精深的中华思想文化土壤，在激流勇进的中华文明进程中，不可遏制地伸展自己的躯干，绽放自己的花蕊，历经迹简意赡、细密精致、焕然求备等各个发展时期，结出了累累硕果。期间名家无数，大师辈出，人物、山水、花鸟形成中国画特有的类别，在各个历史阶段各臻其美，竞相争艳，最终为世人创造了无数穷极造化、万象毕尽的艺术珍品。

  中国绘画之所以能矫然特出，与其自有的一套技术语言、审美系统和艺术观念密不可分。水墨、重彩、浅绛、工

"中国绘画名品"书影

笔、写意、白描等技法，为中国绘画呈现出奇幻多姿、备极生动的大千世界；创制意境、形神兼备、气韵生动的品赏标尺，则为中国绘画提供了一套自然旷达和崇尚体悟的审美参照；迁想妙得、穷理尽性、澄怀味象、融化物我诸艺术观念，则是儒释道思想融合在画中的精神所托。而笔墨则成为中国绘画状物、传情、通神的核心表征，成为有意味的形式，集中体现了中国人对自然、社会及与之相关联的政治、哲学、宗教、道德、文艺等方面的认识。由于士大夫很早参与绘事及其评品鉴藏，使得中国画在其"青春期"即具有了与中国文化相辅相成的成熟的理论思想，文人对绘画品格的要求和创作怡情畅神之标榜，都对后人产生了重要影响，进而导致了"文人画"的出现。

因此，中国绘画其自身不仅具有高超的艺术价值，同时也蕴含着深厚的思想内涵和丰富的历史文化信息。由此，其历经坎坷遗存至今的作品，显得愈加珍贵，理应在创造当今新文化的过程中得到珍视和借鉴。上海书画出版社曾费时五年出齐了"中国碑帖名品"丛帖百种，获得读者极大欢迎。为了让读者完整观照同体渊源的中国书画艺术，我们决心以相同规模，出版"中国绘画名品"，以呈现中国绘画（主要是魏晋以降卷轴画）的辉煌成就。我们将以历代名家名作为对象，在汇聚本社资源和经验的基础上，引入最新研究成果，以全新的方式赏读名作、解析技法、探寻历史文化信息、体悟画家创作情怀、追踪画作命运，引领读者由宏观探向微观，进入到这些名作的生命历程中。

我们将充分利用现代电脑编辑和印刷技术，发挥纸质图书自如展读欣赏的优势，对照原作精心校核色彩，力求印品几同真迹；同时以首尾完整、高清图像、局部放大、细节展示等方式，全信息展现画作的神采。希望我们的尝试，有益于读者临摹与欣赏，更容易地获得学习的门径。

千载寂寥，披图可见。有学者认为，中华民族更善于纵情直观的形象思维，历代文学艺术，尤其是绘画，似乎用其瑰丽的成就证明了这一点。我们希望通过精心的编撰、系统的出版工作，能为继承和弘扬祖国的绘画艺术，起到绵薄的推进之力，以无愧祖宗留给我们的伟大遗产。

（"中国绘画名品"，2017年，上海书画出版社）

"中国篆刻名品"前言

　　中国的印章艺术历史悠久。在殷商时期，印章被作为权力的象征和交往的凭信而使用。虽然印章的产生和使用与实用密不可分，但在不同时期的文字演进与审美意趣影响下，各时期的印章形成了一系列不同的风格特征。至秦汉，印章艺术达到了标高后代的高峰。六朝以降，鉴藏印开始在书画上大量使用，这不仅促使印章与书画结缘，更让印章迈向了纯艺术天地。宋元时期，书画家开始涉足印章领域，不仅在创作上与印工合作，而且将印章与书画创作融合，同构起崭新的艺术境界。由于文人将印章引入书画，并不断注入更多的艺术元素，从元代始，印章逐渐演化为一门自觉的文人艺术——篆刻艺术。元代不仅确立了"印宗秦汉"的篆刻审美观念，而且还出现了集自写自刻于一身的文人篆刻家。在明清文人篆刻家的努力下，篆刻艺术不断在印材工具、技法形式、创作思想、艺术理论等方面得到丰富和完善，至此印人辈出，流派变换，风格绚烂，蔚然成风。明清两代作为文人篆刻艺术的高峰期，与秦汉时期的实用印章一起，被称为印章史上的"双峰"。

记录印章的印谱或起源于唐宋时期。最初的印谱有记录史料和研考典章的功用，进入文人篆刻时代，文人篆刻家所辑印谱则以鉴赏临习、传播名声为目的。印谱虽然是篆刻艺术的重要载体，但其承载的内涵和生发的价值则远不止于此。印谱所呈现的不仅是个人乃至时代的审美趣味、师承关系与传统渊源，甚至还体现着艺术与社会的文化思潮。以出版的视角观之，印谱亦是化身千万的艺术宝库。

"中国篆刻名品"是我社"名品系列"的组成部分。此前出版的"中国碑帖名品""中国绘画名品"已为读者观照中国书画艺术构建了宏大体系，作为中国传统艺术中"书画印"不可分割的一部分，"中国篆刻名品"也将为读者系统呈现篆刻艺术的源流变迁。"中国篆刻名品"上起战国玺印，下讫当代篆刻名家，共收印人近二百位，分为二十二册。与前两种"名品"一样，"中国篆刻名品"也努力突破陈规，致力开创一些新范式，以满足当今读者学习与鉴赏之需。如印作的甄选以观照经典与别裁生趣相济；印蜕的刊印，均高清扫描自原钤优品印谱，并呈现一些印章的典型材质和形制；每一方印均标注释文，且对释文中所涉历史人物与诗文典故加以注解，让读者真正读懂篆刻，透视这门艺术

"中国篆刻名品"书影

深厚的历史文化信息；各册书后附有历代名家集评，在注重欣赏的同时，帮助读者了解艺术特点。丛书编排体例分为两种：历代官私玺印以印文字数为序；明清文人流派篆刻先按作者生卒年排序，再以印作边款纪年时间编排，时间不明确者依次按照姓名印、斋号印、收藏印、闲章的顺序编定，而姓名印按照先自用印再他人用印顺序编排，以期展示篆刻名家的风格流变。

　　"中国篆刻名品"以有利学习、创作和艺术史观照为编辑宗旨，努力做优品质，希望篆刻的学习、研究者能借此探索到登堂入室的门径。

　　　　　　　（"中国篆刻名品"，2021年，上海书画出版社）

《木雁斋书画鉴赏笔记》前言

张珩先生字葱玉,号希逸,室名韫辉斋、木雁行斋。原籍浙江省吴兴县南浔镇,1915年2月10日(农历甲寅年十二月廿七)生于上海。张珩出身吴兴望族,沾祖、父辈书卷鉴藏之风,少小即才识颖异。未及冠,挟巨资搜集法书名画,不数年,便于真赝诪讹间练就巨眼,旋以书画鉴藏声震寰中。1934年和1946年尝两度被聘为故宫博物院鉴定委员。三十五岁前后,散尽家资。1950年任上海市文物保管委员会顾问,同年调任文化部文物局文物处副处长兼文物出版社副总编辑。1962年受命任文化部书画鉴定小组组长,率组巡回鉴定全国书画近十万件。1963年8月26日病逝于北京。

就在张珩并不算长的生命历程中,却因其罕有匹敌的家境和遗产,辅以个人超绝的聪颖天资和对中国古代书画艺术的痴爱,对新中国成立初期国家文物留存的普查整理、对古书画鉴定理论的现代发展,作出了巨大贡献。这一贡献的最重要标志之一，就是其近二百万言的皇皇巨著——《木雁斋书画鉴赏笔记》。

《木雁斋书画鉴赏笔记》著录了两晋隋唐之后直至近现代的书画作品二千一百九十二件，其中绘画一千三百八十件，书法八百十二件，基本囊括了中国古代最具代表性的优秀书画作品。每件作品均详载其名称、质地、尺寸、内容、题跋、印鉴、收藏单位、历代著录等。所收作品大多收藏于国内外各大博物馆，也有少数作品为私人收藏。其中一些庋藏海外的书画作品，至今难得一见。尤为珍贵的是，其中多有张珩补前人不足、纠前人谬误、发前人未发之笃论高言，在历代书画著录中独树一帜，具有无可替代的参考价值。

历代书画著录之书，实为中国古代书画鉴定、中国美术史研究的最重要文献。但此类著录虽有数十种之多，但张珩认为"可以资信者不过少数而已"，且著录的作品"存亡参半，又多系仅录原文，少所发明；或有各抒己见者，则又系随笔记录，略而不详"。因此张珩年少时便有"备斯二者"之宏愿，并利用各种机会，遍览国内所藏，择其佳者，以心目强记的方式，坚持不懈，为此宏愿做着准备。终于在1960年元旦，因感于"独此一门，犹令外人陆续成书，国内未闻有志于此者"，发奋开笔（以上引文均见本书《作者自序》）。当初张珩曾做过一个规划，拟以二十年时间，将他认为存世可信的约六千余件

《木雁斋书画鉴赏笔记》书影

历代书画都囊括一过，编目录文，逐件考订评骘。但此愚公之志，天未假其年以成，今日我们所见之规模，竟是其生命最后的绝唱，留下的是后人无限叹惋的遗憾……

即便如此，张珩的中国古代书画鉴定研究，已在其实践及其著述中成就卓绝，他的鉴定理论具有为中国现代书画鉴定学奠基的意义，《木雁斋书画鉴赏笔记》则是其集前人之大成并参以个人鉴定心得，总结其理论思考的基石，他凭此毫无争辩地成为了划时代的人物。

《木雁斋书画鉴赏笔记》本名《木雁传真》，张珩夫人顾湄女史悉心保存了这份珍贵的遗稿。2000年12月，在国家文物局顾问谢辰生先生的支持和关怀下，在苏士澍先生的直接主持下，遗稿由启功先生拟定书名、题端、作序，由文物出版社影印出版。影印本的出版，使古书画鉴定学界重新唤起了对张珩先生的怀念和认识，引导了学界对张珩其人其学的深入研究。

2011年初，受顾湄女史委托，我社决心编辑出版《张珩文集》，并于同年7月出版了《张葱玉日记·诗稿》和《怎样鉴定书画》，同时组织力量对影印本《木雁斋书画鉴赏笔记》进行点校整理。以全稿博大精深，期间遇困难无数，但参与者无不以张珩先生著书时之坚韧精神和理想宏愿为鞭策，以最大热忱和负责态度，遵循原著旧例，一一释读比勘，审慎排印，历时三载，终磨砺克成。期间得到谢辰生、苏士澍、朱明磊、葛承雍诸先生的大力支持和指导，尤其是张珩女公子张贻文的悉心关照，在此，我们一并表示深深谢意。

今年恰逢张珩先生诞辰百年，值此纪念之日，谨持本编，以慰作者，以飨读者。

（《木雁斋书画鉴赏笔记》，2014年，

上海书画出版社）

"朵云名家翰墨"前言

  书法是中国独有的一门艺术，其历史伴随着中国汉字的发生、发展，并随着书体的嬗变而愈加丰富起来。历朝历代，都涌现出了诸多书法巨匠，他们发掘着汉字所呈现的一切的美，包括本体的线条美、造型美、章法美、形式美，以及融入了中国文化内涵和精神的风格美、意境美、气韵美等等，不断创造出新的境界，从而使书法艺术充满了魅力。这些书家及其作品，犹如颗颗星辰，镶嵌于艺术的天穹，以其杰出的成就引导着后继学人，续写着书法创作的新华章。而在这个过程中，书法范本的传播，对书家影响力和后继书学者摹学效法，都起到了至关重要的作用。

  隋唐以前，古人学书，多直接取法古帖。传智永禅师书八百本《千字文》以付江东诸寺，得者无不欢欣，后人赞其"妙传家法，为隋唐间学书者宗匠"。初唐时，帝王推崇王羲之书，取其名作，或双钩响拓，或精刻拓本，专赐王公重臣。

正是如此，大王书风不仅风靡朝野，更流播边塞海外，遂得确立"书圣"之尊。

此后法帖刊刻滥觞，刻帖中著名者，单刻帖首举唐弘文馆之《十七帖》，丛帖当重北宋《淳化阁帖》。十卷本《淳化阁帖》以宏富规模，甄选历代帝王、名臣、书家等百余人四百余帖，并被各地翻刻多达三十余种，被誉为"法帖之祖"。从此，两宋开启了法帖刊刻的繁盛乐章，成为有史以来连续时间最长、影响最大的法书名迹的复制、出版活动。它打破了书帖为特权阶层垄断的局面，使得一般士人也有机会鉴赏摹习前代杰出的书法作品。它还开始注重并刊刻当代名家之作，如苏轼、米芾分别因《东坡苏公帖》《绍兴米帖》等得以保留众多真迹，大大满足了当时及后世书法爱好者的需求，促进了书法艺术的普及。故赵孟頫评价《淳化阁帖》之历史功绩云："书法不丧，此帖之泽也。"由此可见，书法艺术的繁盛与其所处时代的传播手段有着极为重要的关联。

进入近代，摄影和印刷业以古人无法想象的技术手段，真正做到了"下真迹一等"，历经劫难的翰墨瑰宝，得以化身千万，普惠民间；而众多当时名家，也是无不受惠于出版传媒的作用而建筑声誉。出版人由此也更多认清了传媒工具的社会职责，他们以自己的学识和智慧，为近现代书法艺术的繁荣作出应有的贡献。

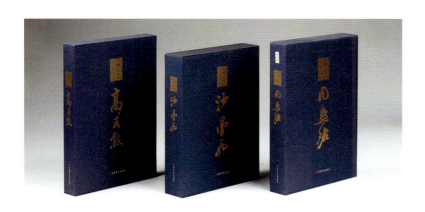

"朵云名家翰墨"书影

　　比之前代，今之书艺累聚愈加丰厚，书家视野愈加开阔，使命也更加艰巨。作为中国本土艺术的杰出代表，书法自成理论和技法体系，至今仍因不同于西方艺术而独立于世，但是随着世界文明的冲撞与融合，现代性观念和表现方式仍在不同层面影响着传统的书法艺术。书法向何处去？这是今之书家前所未有的面对。与其他文化艺术一样，二十世纪五十年代，书法进入到一个全新的通道，一方面，一批来自晚清民国的书家，以创作盛年进入新中国建设的洪流之中；另一方面，成长于共和国旗帜下的更多书家，或历经"文化大革命"磨难，或游泳于改革大潮，他们的结合建构起一个全新的时代：一个绍述传统，更跨越古今，正盎然勃兴的时代。而这正是我们所要关注的。现当代书法艺术需要记载，以记录这个时代书家们勇于探索的痕迹，更需要推重一些当代的杰出书家，以代表这个时代的成就。

　　上海书画出版社以弘扬祖国艺术为己任，五十余年坚持不懈。为累积和展示当今书法艺术成就，推重书法本体审美特征之探索，推进精英艺术家之间的交流，我们秉承千年法帖刊刻传统，以专业的图像和史料编集，严谨的学术和编辑态度，特遴选新中国成立以来在各个时期取得重要成就的书法艺术大家，汇入"朵云名家翰墨"之书法大系，以存当世之杰作，开千载法书之新篇。

　　　　　　　　　　（"朵云名家翰墨"，2015年，上海书画出版社）

"朵云文库·学术经典"弁言

　　中国艺术源远流长，蔚为大观，然对以书画为核心的中国艺术本体的认知及其理论阐发，近代以前，学人多以诗赋、笔记、题跋为载体，以描述、感悟为表征。这与主流阶层仅将艺术作为从政之余抒发心志之观念有关，导致了书论画学诸门无法望经世之学项背的事实。但近世以后，尤其是辛亥革命以来，随着传统士阶层社会作用的变换，以及治学语境、研究视野、学术方法之更改，在一批卓有才华的新学人的努力下，传统艺术进入现代学科视域，中国艺术的本体精要和文化精神开始得到了全新的诠释、辨析和发扬。毫无疑问，因与西学的碰撞和融合，中国传统学术发生了巨大变化。对中国传统艺术的长期学习和研究，向以画学一门最为突出，其学术语境也发生了重大变化。大量的中国文物和书画名迹流至域外，引发了海外学者对中国文化的浓厚兴趣，他们运用西方的学术方法，开始阐述各自心目中的中国美术，对国人产生了不小影响。当然最为重要一页的翻起，仍是游学海外的中国学人自己，他们张开胸怀，吸收西方工业文明下的现代科学理念和治学方法，开始了勇于辨讹、尝试思辨的别开生面的中国画史探索。

在国内，敦煌藏经洞、各地石窟墓室的先后开启，一次次突破着人们故往的认识；动荡的社会，导致文物大量流失，也使更多的新材料能为研究者所用。而在现代印刷技术的传播下，美术材料的易见性大大冲破了原有的局限。作为近现代学术成立的两大基石：新材料与新方法，一时蜂拥展现在二十世纪初的艺术学人面前。

正是在这样一个特定历史环境下，一批学者放眼世界，既吮吸西方新学，又融合中国传统学养，投入到以书画为主体的中国艺术研究中。纵观这一百年来，他们经历了从模仿到兼通到自建体系的历程，现代学科应具备的特质如理论性、逻辑性、体系性等逐步成熟，呈现出一条上承古代下启当今的鲜活的学术生命之流。他们关注新材料，寻觅新方法，创建新思想，以筚路蓝缕的拓荒精神，开创出中国艺术研究从未有之新境。

今之视昔，此间研究均有时代局限，但许多著述仍因有奠基之功而成为经典。为使当今学界和继学者更方便更完整地获见此一时期的中国艺术研究成果，我们精心遴选一批近现代艺术文献再予整理出版。所取著作肇始自二十世纪之初，讫于

"文化大革命"之前;所选范围,乃以中国传统艺术为主体,兼及诸种工艺美术;所选标准,则以于当时有重要作用,于今天仍有借鉴意义之论著为重。我们注重文本的准确性,同时从艺术研究对象出发,分别配以图版,以作印证。尤为重要的是,我们邀约专家撰文导读,以帮助读者理清原著学术脉络,辨明文中精义,认识著作产生的历史背景,展现前辈们的学术个性,方便初学者获得治学门径。以上努力,或谓于具体问题之分析,仍有巨大学术价值;或谓对推进当今之中国艺术的深入研究,亦有重要启示意义。因以"朵云文库·学术经典"系列贮存,以钩沉论艺渊薮,绵延传统文脉,尽责无旁贷之职!

（丙申惊蛰于沪西翰景居）

《金石学稿钞本集成》前言

　　金石之学，始于汉魏，盛于两宋，至清代经史小学昌盛，嘉道考据学者尤致力于金石史料收集、著录、考订及利用，证经考史，专著迭出，令金石学益趋精邃，蔚为大观。期间著述有大量未经刊刻者，亟待发掘。

　　《金石学稿钞本集成》收集清代至民国初学人之金石类著述，首选未刊稿本及钞本，兼及已刊印金石类著述之名家批校、增补本。皆据原书扫描制版，影印出版，原貌存真。每种书籍撰写提要，勾勒撰者行略、内容特色，析辨著述源流等。

　　《金石学稿钞本集成》主要以藏品收藏单位为分编原则，进行相应编次的汇编工作。编纂者将金石类稿钞本文献公诸社会大众，不仅为传统学术研究提供可靠之文献依据，亦为其他学科展示了丰富多元的金石文化数据信息。这将是金石学界一次系统的有意义的文献整理工作。

（《金石学稿钞本集成》，2016年，

上海书画出版社）

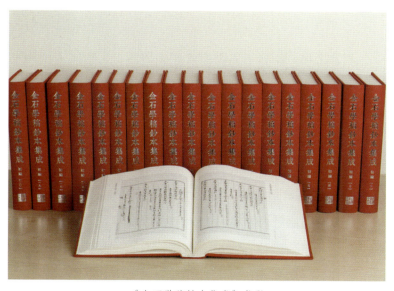

《金石学稿钞本集成》书影

"朵云琳琅丛刊·巾箱帖馆"序

　　朵云之典，源自唐名臣韦陟彩笺署名，后被文人引为书翰雅称。千载之后，这一美称被上海一家笺庄援为店名。逮至今日，声名已冠绝江南。由是，"朵云"二字非惟结缘书画，艺涉文房，更乃承续版刻绝学，游刃现代出版，以艺术产业之盛誉满天下。尤为艺林推许者，朵云轩上海书画出版社几代人耕耘书田，历数聚珍，已然琳琅耀晔，蔚为可观。明年，朵云轩书画社将喜迎百二十和六十周年华诞，同仁诹议以"朵云琳琅"贮储一套可读可赏、内涵丰赡的图书，或是回馈读者最好的礼物。多方筹划，今以"巾箱"系列先行，以期既秉持传统又能别开生面。

　　"巾箱本"肇于南齐，代有新制，又称"袖珍本"，以体积玲珑，出入可携，起卧称手，历受文人喜爱。其规制虽小，却"袖里乾坤"，微观与宏观、表象与内质、有限与幻化，均罗致其中。今人去古已远，而玩味万象、寻幽方寸

"朵云琳琅丛刊·巾箱帖馆"书影

之趣，则一脉相承。故开"巾箱"系列，亦是以精微之视
线，萃集传统之精华为旨归。丛刊分"巾箱帖馆""巾箱画
馆""巾箱印馆""巾箱艺文馆"诸列，以助当今读者悠游于
博大精深的中国文化艺术阆苑之中。

　　本集为"巾箱帖馆"。古人学书鲜见名家真迹。宋初皇家
出秘藏，汇刻前贤名作，拓成墨本以赐近臣。此为今见"法
帖"镌刻之始。此式出，俾魏晋以降历代名家手迹流布，惠
及天下学书者，历代竞相效仿。然后世因循翻刻，损减精
神，又多贻误学书者。故古人得善本必拱璧视之，赵孟頫有
"得古刻数行，专心而学之，便可名世"之语。以佳帖探堂
奥，此古今学书共识。今天下昌明，珍宝迭现，故合同道之
力，搜索珍本，审慎编纂，效古人匠心于咫尺，助今人体悟
于怡情，如得一二，可足心愿。

　　"琳琅固无价，燕石敢沽诸。"丛刊若能承继传统、弘扬
国粹，方便读者于现代快节奏生活中仍怀抱志趣、涵泳品格，
当是编者之幸。谨序。

　　　　　　　　　　　　（"朵云琳琅丛刊·巾箱帖馆"，2018年，
　　　　　　　　　　　　　　　　　　　上海书画出版社）

"艺术史界"丛书总序

人类创造了灿烂辉煌的文明，艺术是其中不可或缺的一个门类。如何保存、记录以及再现曾有或正在诞生的伟大艺术，描绘、阐释卓越艺术家的成就，历代都有人为此作出巨大努力。因此，记录、描述艺术的历史，便成为人们愈来愈重要的工作。近二百多年来，西方艺术史经由多位大家的不断推进，已经与历史、考古、哲学等诸种学科一样，发展为社会科学的重要一支。而现代学科意义上的中国艺术史的研究，则起步要晚很多。这其中最重要的缘由固然是因中国现代化进程迟滞所致，另一个原因，无疑是该研究领域需要一个自身认识、接受进而突破的过程，这是学科发展的规律所致。

中国拥有五千余年文明史，艺术成就之璀璨，是中国被认同为世界最重要文明古国之一的重要证据。二十世纪上半叶是西方人再次惊愕进而痴迷中国艺术的转捩时期，其时中华文物大量流失海外，在填饱一些探险家、古董商贪婪的肚

"艺术史界"丛书书影

囊之时，客观上也增强了西方对中华艺术成就的认识，认为中国是最具艺术气质的国度之一，足以与古希腊、意大利相媲美；许多重要博物馆收罗并展出中国艺术品，多次掀起世界范围内的中国热潮。这使得一批欧美的汉学家和艺术史学者关注并介入中国艺术史的研究中，进而影响了国人尝试以西方理论或视线对中国艺术（主要是绘画）进行新的分析探索。无论时人如何评价当时的中国艺术史研究之得失，其历史意义今人都给予了积极的肯定。

在此之后，艺术史学界幸运地迎来了一位自幼浸淫于中国文化的华人学者方闻先生。他以西方的结构风格分析和中国传统鉴定法相结合，全新描述了中国文化视线下的中国绘画史，同时修改和扩大了那些起源于西方艺术史的方法论，深刻影响了一批同时及其后的学者。此间数十年，多位西方和华裔艺术史学者，都对中国艺术史展开了卓有成就的学术研究。而上世纪九十年代以后，随着与国际交往的深入，国内艺术史学者也开始加入到这场全球视野下的中国艺术史的大讨论中。

上海书画出版社正是在这样的背景下，很早地成为这场具有历史意义讨论的参与者和见证者。自1989年起，书画社连续举办了六次之多、各种主题的中国书画国际学术讨论会，并最早引进出版了美国高居翰先生的《山外山》《气势撼人》和方闻先生的《心印》的中文本。正是在海内外学界的共同推动下，广大读者对中国艺术史的关注和论著的阅读兴趣，逐渐得以积聚。此后，从读者、学界的需求和专业出版的格局出发，书画社决心在艺术史研究出版领域有更新更大的作为。经过多年准备，2017年前后，我社率先推出《方闻中国艺术史著作全编》和《傅申中国书画鉴定论著全编》两大系列。今年起，我社将以"艺术史界"为名，陆续推出更多的当代海内外中国艺术史学者的重要论著，贡献给倾心于中国艺术史的读者。

　　近百年来，西方艺术史研究的多种成果和方法，极大启迪了中外学者对中国艺术史研究的新路径，借助现代意义的历史学、考古学、人类学、社会学、民族学、宗教学、文学和美学等学科的支援，中国艺术史的内涵和外延得到了巨大的丰富和扩展。不过在这些方法的实践中，因中西方艺术发生母体和发展背景存在重大差异，使得研究中对材料的取舍分析和得出的结论并不能够完全令人信服。然而，学者们尽力将多元的研究方法与中国艺术自身的视觉语言相结合，即使有套用、拼凑之痕，也仍然给读者带来了新的视线和思考。许多取得卓越成就的艺术史家，更是努力沉潜于中国历史文化，以求获得解决他们在研究中所遭遇问题的方法。因此，这些视中国艺术史研究为理想并为之不懈努力的学者，是尤其令人钦佩的。

　　现代学科意义的艺术史之提出，为中国艺术史研究带来新的生机，这是不争的事实。今天读者都明白艺术史的讨论对象，并不能仅仅局限于艺术品本身，这就是这一学科教育所带来的重要影响。但作为学科意义的中国艺术史之建设还是任重道远，它所面临的一系列问题，无论是来自中国艺术自身，还是放置于世界，都无法回避对其本体的探究，诸如在跨学科的范式下，艺术史研究的边界何在？艺术史研究的起点为何？艺术史是否一定需要仰仗其他学科准则才能确立起自身学科存在的价值？是坚持建构艺术史的整体，还是具体而微地深入问题内部？是"以图证史"，还是"史境求证"？对于中国艺术史是回到自己封闭的语境中去，还是借鉴国际艺术史研究的发展动态，而获得交流的更大空间？如此等等，都有待更多学者的认真回应。数十年来，有一批勤奋的中外学者聚焦中国艺术史，他们不断探索，成果卓著；我们也坚信，随着中国文化与世界交流的日益深入，未来会有更多的学人以不断接近历史本真的努力，为读者展示出一个更为丰富而魅力无穷的中国艺术史世界。从这点出发，我社的"艺术史界"丛书不仅致力汇集当今中国艺术史研究的重要著作集中出版，更愿意以自己的坚持，为中外学者提供一个更为开阔的可以切磋交流的平台。

（"艺术史界"丛书，2019年，上海书画出版社）

蕴妙见于胸襟

——"海上题襟"系列代序

　　古人常以胸襟、襟怀借指胸怀,"蕴六籍于胸襟"(阳固《演颐赋》)、"抚胸襟而未识"(萧皇后《述志赋》)或最能代表古人以才华自许与不遇愁郁的感受了。故而以题襟喻指抒怀,确属巧妙而极有意味的一个文词。至晚唐,段成式将与温庭筠、余知古等文士唱和酬答之作编为十卷,名之《汉上题襟集》,"题襟"一词被借为文人志同道合而聚合抒怀的代名词。而古人以文会友、啸咏唱和的传统由来已久,著名如"邺下之游""竹林七贤""兰亭修禊",皆以志趣高洁、文章焕然而千古留名。及至宋元,文士中善书画之名士亦现身于雅集之中,其文采风流之盛,令后世文人墨客追慕不已。

　　逮至晚清,上海出现了一个书画金石团体,直接名之曰"海上题襟馆"。这个既风雅又与地域相连的名称,引来一众书画金石名家,他们崇文尚古,有志于弘扬国粹,其规模之大、活动之频繁,一时为上海之冠,大大促进了海上艺术的繁

"海上题襟"书影

荣。究其原因，这一切当与上海开埠后商贸文化迅速兴盛最为有关。其时画人流寓上海尤多，因画风面貌融汇古今中西而别具一格，被称为"海上画派"。然而，与风格流派意义上的"画派"定义不同，海上画家既守传统又尚开新，既取文人之趣又哺金石法乳，既采民间之长又学西洋之法，最终呈现的是题材多样、画风不拘一格的面貌，积淀起全新的观念，其开放、创新、包容、前瞻等等先进的文化意义，已大大超越了绘画创作本身。"海派"之称，逐渐成为上海文化、艺术的代名词，其外延，甚至已超越了地域所限。海派艺术构成了海派文化重要的内涵和特征，类似"海上题襟馆"这样的书画同道，则在推动海派文化多元和发展的过程中，发挥了极为可观的作用。

时间跨入了二十一世纪，在全国人民为实现中华民族伟大复兴而不懈进取的新征程中，已经成为国际化大都会的上海，跨越百年，正在重新审视如何打造这座城市在传承、发展和提升城市综合能级方面的文化影响力，而源自海派艺术的"海纳百川"内涵特质，已汇入上海的主体城市精神中，并成为上海三个更具有标识意义的文化内核之一。上海正以更加开放融通、追求卓越的襟怀，重塑着上海本土的文化和艺术，展现着世界的影响力。

作为以中国书画艺术为核心出版内容的现代出版传媒，上海书画出版社创立于上海。建社以来，尤其是改革开放后的四十年里，我们以几代人的努力，在传承和弘扬中华优秀传统文化艺术的工作中不懈耕耘，出版了大量图书；我们也以自己的专业能力，打造了包括《书法》《书法研究》《朵云》《书与画》等杂志在内的一系列优质的传播交流平台，为推进书画艺术的普及提高和学术研究发挥了一定作用。在这个过程中，我们得到了许多作者的倾心支持，并与他们共同成长，结下了深厚友谊。如今许多作者都卓有建树，或成为著作等身的著名学者，或因艺术造诣深湛而为书画大家。值此我社即将迎来建社六十周年之际，我们特邀一批海内外作者，拣选、集结一批他们的用心之作，以奉献给我们热情、忠实的读者。

"吞八荒而不梗，蕴妙见于胸襟。"（《隋书·宇文庆传》）中国的书画艺术植根于中华五千年文明之中，博大精妙，遗产丰厚，绵延至今，依然生命力强大，故足以令人思接千载，究天人之际，抒肺腑之怀；亦值得端倪既往之风规，穷测艺文之奥赜。今感佩先贤之志趣与胸怀，追慕古人之风雅和气度，因以"海上题襟"命为丛书之名，期盼海内外方家都来聚会、抒怀于"海上"。丛书如能启读者之心扉，发学者之思致，并为当今文化、艺术之积淀留下时代的痕迹，则亦属我们为接续中华文脉略尽了绵薄之力。

（"海上题襟"，2019年，上海书画出版社）

大美朵云　翰墨华章

——《朵云轩一百二十周年上海书画出版社六十周年大事记》前言

　　书画是中国传统艺术最为重要的代表，也是中国传统文化的重要载体。古人以"翰墨"二字美称文章书画，从这两个字透视中国辉煌的历史文化，便可探知中国书画艺术的博大精深。

　　朵云轩、上海书画出版社这两家在当今文化艺术领域为大家记诵于口的名字，其重要的文化表征，就是"翰墨"二字。

　　朵云轩创始于1900年，虽以雅扇信笺、文房四宝小本经营于飘摇的历史风雨之中，但得益于几任主事者的眼光、勤奋和上海区域性的经济文化渐盛，经数十年的经营，以"翰墨"为底蕴，树立起了"书画之家""江南艺苑"的美誉。

　　进入了新中国，朵云轩公私合营完成国有化，逐渐成为上海艺术品行业的代表。1960年，朵云轩迎来了向出版业发展的重大契机，在上级的指示下，建立了木板水印编辑部，从此开始了现代出版事业。1966年8月，朵云轩改名为东方红书画社。1972年2月，东方红书画社改名为上海书画社。

1978年是转变中国命运之年，改革开放的洪流也深刻影响了上海的出版界。是年，上海书画社改名为上海书画出版社，同时在传统经营领域沿用朵云轩品牌。书画社朵云轩一体两翼，在此后的三十年间，向着艺术出版和艺术品经营的艺术文化全产业链方向快步迈进。

朵云轩在二十世纪七十年代初就坚持开展书画收购业务，抢救、收藏了大量流散民间的珍贵文物。在继承木版水印技艺方面，则刊刻了《十竹斋书画谱》《萝轩变古笺谱》《明徐渭杂花图卷》等作品，屡获国际国内大奖。木版水印成为书画社朵云轩的出版特色，而其技艺则于2008年入选为国家级非物质文化遗产项目。1992年起，书画社先后成立了朵云轩拍卖公司、朵云轩古玩公司、朵云轩文化经济公司、朵云轩电子商务公司、朵云轩艺术进修学校等八家下属公司，开展了文化经纪、艺术会展、艺术鉴定、书画庋藏、文物修复等各种业务。其中朵云轩拍卖公司经过精心准备，于1993年敲出了全国艺术品拍卖的第一槌，成为中国艺术品市场的领跑者，改变了国内艺术品经营的面貌。

在出版方面，书画社创办了全国第一本书法专业刊物

《书法》,它将书法创作和批评、研究与普及融为一体,迅速成为海内外交流书法艺术的重要平台,并为此后书法界的现代展览、研讨、出版确立了基础模式和框架。之后《书法研究》《朵云》《书与画》等专业期刊相继创办,均对书画创作和学术界、对艺术爱好者产生了深刻的影响。在图书方面,书画社出版了大批新编字帖和画谱,大大满足了当时民众学习传统艺术的需求;出版的《中国书画全书》等多部重要专业图书,则成为专业人士的案头常备工具书。书画社书刊互动,召开了多次国际学术研讨会,关注学术前沿,形成了具有学术支撑的专业出版特色,闯出了一条独特的艺术出版之路。

2004年6月,上海文艺出版总社成立,上海书画出版社朵云轩成为总社下属单位。2009年,在上海文艺出版集团部署下,朵云轩总公司(筹)成立,其与上海书画出版社分别成为上海文艺出版集团下属的两家基层单位,并在2012年一起进入重组后的上海世纪出版集团。

2010年起,书画社开始了全新的征程。新领导班子以创建一流艺术出版为目标,带领全社全力聚焦出版主业,提出以品牌和专业为抓手,以中国文化为底蕴,以书画艺术为核心内容的发展路径。十年来,书画社立足长远,全力打造核心竞争力,先后对编辑、发行等各业务环节进行了机制改革,加强了团队建设和图书选题锻造。

在选题方面，书画社从国家文化发展战略和自身专业特性出发，将大型项目和长远建设视为立社之本。通过打造"十二五"和"十三五"规划，使得国家重点出版项目数量跃为全国美术类出版社第一。现已完成《董其昌全集》《吴昌硕全集》《金石学稿钞本集成》《木雁斋书画鉴赏笔记》《中国书法史绎》等项目。这些选题以重大学术成果和珍稀艺术文献、图像为主体，大大强壮了书画社的骨骼，建构起专业出版的标杆，也稳固了书画社的出版主业根基。尤其是对海派艺术、金石学选题的连续性开发，实现全方位出版成果，对中国近现代艺术史、金石学的研究产生了重要影响，书画社由此成为海派艺术、金石学出版的重镇。

与此同时，书画社聚焦艺术史、鉴藏史研究成果的出版，聚合了方闻、傅申、苏立文、杰西卡、罗森、石守谦等一批海内外一流学者，出版了一批大家之作。2016年，书画社成立了"书法研究出版中心"。这些集群式学术著作的出版和平台建设，进一步加强了书画社学术出版的号召力和影响力，并成为艺术门类学术出版新的制高点。

面对读者多元的需求，书画社细分了图书结构，一方面加强开掘独有的内容资源，为高素质专业读者量身定做出版内容；另一方面，注重内涵开掘和形式表达，以普及提高引领爱好者踏入艺术殿堂。通过原创性选题的开发和传统选题的升级换代，书画社扩展了选题的宽度，深耕了艺术图书市场，出版的"中国碑帖名品""中国绘画名品""书画名家年谱大系"等均大受不同层次读者的欢迎。

在艺术教育方面，书画社有效拓展和巩固了全国及地方教材，为促进学生提高美育素养、获得全面发展，发挥了应尽作用。书画社通过图书、期刊、教材的互动和整合，建构了完备的出版体系，并以专业的内容和品格，富有活力的呈现方式，赢得了读者的信任，在书画类图书市场长期保持名列前茅的占有率。

峥嵘双甲子，风雨六十年，在几代出版人的共同努力下，朵云轩和上海书画出版社，都以传承和弘扬中国艺术精神为使命，以争创一流为目标，始终没有停下改革创新的脚步。如今，上海书画出版社、朵云轩都拥有一支高质量人才队伍，并建立了一整套有利于人才成长的激励机制，分别成为对行业产生深远影响的艺术出版传媒机构和艺术品经营机构。朵云轩集团入选全国新闻出版系统先进集体、国家级非物质文化遗产生产性保护示范基地，2016年和2018年，又先后入选首届"上海文化企业十佳"、第二届"上海文化企业十强"。书画社则收获了大批国家级和专业级的图书奖项，荣膺"中国出版政府奖先进出版单位"，连续多年排名全国美术出版社总产值第一，连续多年获得市级文明单位称号，走在了全国艺术专业出版单位的前列。

　　从衡山路237号，到延安西路593号，朵云轩、书画社均坚持立足长远，服务社会，不断开放视野，拓展前行思路，心无旁骛地做好专业工作。两家机构的点滴作为，影响了中国几代人的精神世界甚至人生道路，也改变了世界对中国艺术的认识，闯出了一条独特的艺术经营和出版之道，不断满足着民众学习传统文化艺术的需求。

　　翰墨底蕴，凝聚了历史的过去；翰墨情缘，孕育着未来的期望。面对新时代、新挑战，朵云轩、书画社将继续以顾客和读者信任为激励，以品牌和荣誉为感召，围绕提升品牌影响力、提高核心竞争力、增强企业凝聚力，打通边界，携手联动，加快融合转型步伐，进一步做优专业品质、做大产业格局，肩负起中华民族伟大复兴的历史使命，在传统与现代的交响中乘风破浪，奋勇前行！

　　　　　　　　　（《朵云轩一百二十周年上海书画出版社六十周年

　　　　　　　　　大事记》，2020年，上海书画出版社）

烛照后人

——沈尹默的帖学实践和理论

沈尹默先生（1883—1971）是二十世纪杰出的书法家、书法理论家和书法教育家，他一生上下求索，砥砺磨炼，将自己的才华奉献给了书法艺术，最终取得了具有划时代意义的艺术成就。他给我们留下了大量的创作作品和文献著述，其中蕴藏着其静穆高妙的书法境界、取精用弘的书法理论体系，也留下了他的学书轨迹、正反经验。他是一位生活在与我们的时代环境最为接近、放置于中国书法史上也绝不逊色的大师。他的丰厚遗产，无论是对刚刚起步还是已探门径的书法爱好者来说，都值得好好研究借鉴。

一、自学成才，锲而不舍，终成一代大家

沈尹默本名君默，字中，号秋明、匏瓜，祖籍浙江吴兴，生于陕西省兴安府所属之汉阴厅。沈家是官宦望族，沈尹

默早年获得良好的教育，拥有扎实的古典诗词根基，这一特长后来成为其从传统文化中吸取营养、增进学力、抒发情怀、升华精神境界的重要基石。同样，作为蒙学功课之一的习字，也早早被列为他的塾学内容。在十二岁那年，以私塾老师所提供的黄自元摹写《九成宫醴泉铭》为起步临本，沈尹默开始了他的书法历程。黄的书法属于当时仕宦进阶途中流行的馆阁体，沈尹默"不辨美恶地依样画着葫芦"（沈尹默《学书丛话·自习的回忆》）。从此，沈尹默不仅染上了"黄气"，更要命的是，他与真正的欧阳询书法愈离愈远了。

奇怪的是，沈尹默的父亲也"善书"，但他却未在儿子身上有意栽培。十五岁至二十岁，沈尹默曾有三次接触当时声势如日的碑学书风的机会，如父亲也教授过他邓石如篆书，在西安听蔡师愚宣扬包世臣学说，遇王世镗而受赠《爨龙颜碑》，但或许是"黄毒"太甚，或是与北碑"性情不合"，沈尹默均"没有好好地去学"。倒是另两次父命未成，对沈尹默触动极大：一是他的父亲命其写三十把带骨扇面，二是让他用鱼油纸在正教寺高壁上勾摹祖父所书的长篇古诗，但均因不能悬腕作书而令他深感痛苦。

转折点发生在沈尹默二十五岁时。那年他从日本短暂留学回国，由长安移家浙江杭州。此时的沈尹默已诗名渐扬，开始与名流陈独秀、柳亚子、章士钊、张宗祥等相过往。陈独秀见到沈尹默手书的自作诗后发表了自己的评价:"诗很好,字则其俗在骨。"这一刺耳话语令沈尹默反省自己,开始思考书法执笔、用笔和风格、格调等核心问题,决心洗心革面,脱胎换骨,从头开始。他拿出包世臣的《艺舟双楫》,对其中的论书章节细加研读,从指实掌虚、掌竖腕平做起,试图摆脱不能悬腕作书的窘境。他从汉碑入手,每天取一刀尺八毛太纸,用大羊毫笔先蘸淡墨临习,一纸一字,凝神屏息地写,待字迹干后,再蘸浓墨,一纸四字;干后再翻转纸,在背面随意临写或自运。经过约四年的勤学苦练,沈尹默终于能悬腕作书。

1913年,沈尹默三十岁,任北京大学教授,此后他寓京二十年。这二十年,是沈尹默学书经历中最刻苦、最坚韧,也是最关键的二十年。他几乎将所有的业余时间都扑在书法上,以至废寝忘食。这阶段他"一意临写北碑",先后以《龙门二十品》《爨宝子碑》《爨龙颜碑》《郑文公碑》《刁遵墓志》《崔敬邕墓志》《大代华岳庙碑》《张猛龙碑》《元显儁墓志》《元彦墓志》等为范本,"着意于横平竖直……每作一横,辄屏气为之,横成始敢畅意呼吸","在这期间……多半是写正书,这是为得要彻底洗刷干净以前行草所沾染上的俗气的缘故"(沈尹默《学书丛话·自习的回忆》)。

直至1930年,沈尹默四十八岁,方"觉得腕下有力"。那年,他获得了米芾《草书七帖》、王羲之《丧乱帖》《孔侍中帖》、王珣《伯远帖》等真迹的照片，又有机会去开放的故宫博物院观摩唐宋法书名迹，体察出古人的用笔奥妙，寻到了符合他内心情性的审美取向，根本改变了他的书学道路。他豁然开朗，决心以"二王"传统为旨归，开始追寻他心目中的理想境界。他"学写行草，从米南宫（米芾）经过智永、虞世南、褚遂良等人，上溯二王书"。尤其是在学习褚遂良书法上大花功夫，成为后来其个人风格的重要基调。

经过长期的刻苦临池，沈尹默掌握了运笔的要领和各种技巧，做到了在随意挥运中实现"笔笔中锋"的效果，领悟了"以腕运笔"的真谛。在距陈独秀直率批评的整整三十年后，沈尹默以他艰苦执着的不断攀登，终于达到了"使笔如调生马驹，腕力遒时字始工"的境界，形成了筋骨劲挺、儒雅秀逸的个人风格。彼时的沈尹默已转辗上海，避难重庆，度过了北伐、抗战等不同时期，但他仍锲而不舍，废纸如山，几乎将全部精力继续投入到更高境界的探索中，书法艺术突飞猛进，走向成熟。

抗日战争胜利后，沈尹默回到上海，鬻书自给。此后他寓居上海，直至去世。在这个时期，他创作了大量优秀的作品，艺术创作由丰收走向巅峰。自从探得中锋运笔的真谛之后，其笔法日臻精熟，腕力日益强健，点画遒润，渐入老境。他取法广泛，四体兼工，尤其在楷、行取得了公认的杰出成就。谢稚柳评价其"书法横绝一代……笔力遒美，人书俱老"，将他提到"数百年未有出其右者"（谢稚柳《秋明室杂诗跋》）的高度，并得到了公认。

对于绝大多数书法爱好者而言，书法的学习兴趣往往得之偶然，且因并无名师指点、启蒙，因此，在书艺求索的道路上，走弯路、有障碍，在所难免。沈尹默早年的一段学书弯路，以及后来幡然醒悟、渐明正途，并以数十年刻苦之功，克服先天高度近视，至老几近失明的极度困难，终成一代成就卓著的书法大家，他用他不懈攀登的一生，为有志于书法的后人，提供了生动的典范。

二、科学笔法理论归纳总结的始创者

学习书法，绕不过毛笔及其书写方法等一些最基本的问题。在沈尹默之前，古人对书写方法亦有不同的论述，但或语焉不详，或失之繁芜，甚或故弄玄虚，总体而言支离片章，鲜有能明要义者。沈尹默以自己艰难曲折的学书经历，深刻体察到书法技艺与理论科学系统化的必要性。他在五十五岁时方写下第一首论书诗，在六十一岁写下了第一篇论书文章《执笔五字法》，均为其审慎总结的结晶。新中国成立后，他继续总结经验，在《文汇报》《青年报》等发表了多篇文章，并对古代书法理论中的一些经典著作进行了整理、阐释，编成《历代名家学书经验谈辑要释义》等专著。作为新文化运动的倡导者之一，沈尹默具备了唯物客观的认识观念和现代学科理论训练的新条件，同时，他大量阅读历代书论，潜心摸索，终于研究总结出了一套合于古人、明于当下、科学系统的用笔方法。概括起来，他主要就笔法、笔势、笔意三个方面做了重要总结。其中，对笔法的研究尤为透彻。

笔法，沈尹默认为这是学习书法的基础，是最关紧要最需要详细说明的。他从人的手腕生理结构和毛笔特性出发，科学地将书写方法分解为执笔、运笔、行笔三个方面。其中就执笔法的讨论尤为详尽，他梳理了古人有文献记载的各种执笔法，探寻到唐陆希声对"擫、押、勾、格、抵"执笔要领之分析，为古代书家笔法之"正途"，将其简称为"执笔五字法"。五指之外，他又将运笔时牵涉到的手—臂—肩等一系列生理运动进行了全面剖析，提出掌虚、腕平、肘悬、肩松等特征，总结出"指实掌虚""掌竖腕平""以腕运笔"等要领，"指"是手指，"运"乃腕运，两者结合，才能完成运笔任务。行笔就是笔毫在点画中的行走，要做到中锋用笔，并且利用毛笔丰富的弹性，通过提按、使转来调节笔锋，以达到"万毫齐力""字有八面"的效果。

沈尹默还对古人书论作了充分梳理辨析，将笔法、笔势和笔意等概念作了区分，指出笔法是为达到"笔笔中锋"效果而"必须遵守的根本法"，而笔势"是在笔法的基础上发展起来的"，"每一点画顺从着各自的特殊姿势的写法"，"因时代、人之性情而不同"。而笔意"又是在笔势进一步相互联系、活动往来的基础上显现出来的"，三者离而不分地融合一体，才能称之为书法（《书法漫谈》、《书法论》）。显然，沈尹默将用笔方法划分成了不同层次，笔势和笔意属于更高级的表现手段。

自古以来，虽然书家都知道"学书先学执笔"，但"古之善书，鲜有得笔法者"，笔法都仅通过师承口传手授，不示他人。沈尹默以自己艰辛的实践和对前人遗产的总结、甄别，破解了古人的用笔密码，揭开了这层存在千百年的神秘面纱，使书法登堂门径豁然为所有书学者敞开，并为后人对书法技艺作进一步探求，提供了坚实的理论基石。这实在是我们今天学书人的巨大福气。

三、现代帖学主将、当代书法振兴的重要奠基人

1933年，沈尹默在上海举办了第一次个人书法展。这次展览，虽然是沈尹默因五十寿辰而办，但更重要的原因，是他对书法认识和实践又进入到了一个全新的阶段。如前所述，三

年前沈尹默因购得米芾《草书七帖》、王羲之《丧乱帖》等真迹照片，并在故宫生平第一次有机会与古人名迹直接对视，令他决心开始于"二王"一脉帖学作全新探索，最终完成了由碑而帖的转换。书法展上的作品初步展示了沈尹默受"二王"帖学影响的鲜明风格特征，引起一时轰动，此后许多于传统帖学有所追求的书家，便相聚在沈尹默的周围。由于沈尹默在新文化运动中的贡献和帖学成就，这次展览的意义超出了个展本身，被目为是沉寂百余年后帖学中兴的肇始。

此后，沈尹默开始了对帖学一脉的终生追求，最终形成结体精密、笔力健劲、中规入矩、雍容流美、儒雅秀逸的风貌，堪称继赵孟頫、文徵明、董其昌等人之后，王羲之所创造的典雅平和古典气韵的继承和发展者代表。1962年，在沈尹默八十寿辰之际，沈尹默再次举办书法展，其艺术已迈向人书俱老境界，达到了如谢稚柳所评"书法横绝一代"的高度。

沈尹默在帖学上的成就，还体现在他的一系列论书诗文中，其中以1963年撰写的《二王法书管窥》最为重要。这篇文章以大量史料和实践体悟相结合，对"二王"书法源流和笔法、成就之异同，作了全面的梳理；对"二王"身后之风尚流绪、仿临传刻、真伪鉴别等问题，作了详尽辨析，尤其是提出在绝少"二王"真迹的今天，如何在唐宋学王诸名家遗墨中辨异同，找迹象，求得"二王"笔法，显示出博洽学识和独到眼光。文章言之有物，阐述精谨，表述深入浅出，洵为米、赵以后探求"二王"书法真髓最全面最透彻的论述，在书法界和学术界引起了强烈的经久不衰的重要影响，使他真正成为了帖学复兴无可争辩的现代盟主。

不仅如上，在沈尹默的晚年，他还不遗余力地倡导、推广和普及书法艺术。他创办书法学术团体，开设书法传授学习班，并亲自讲授，从工具到用笔，从选帖到示范，均循循善诱，将毕生心血结晶全部倾心传授，培养了大量书法人才。他身后的四十年内，书坛呈现出前所未有的繁荣局面，这与沈尹默当年的贡献实难分割，毫无疑问，沈尹默是当代书法振兴的重要奠基人。

本书所选录的《笔法论》《书法漫谈》《二王法书管窥》《历代名家学书经验谈辑要释义》《书法丛谈》等五篇文章，均为上述三个方面的重要代表作，基本涵盖了沈尹默在书法实践和理论研究方面的成就，对初学书法者而言，具有重要的指导意义。尤其是其中将"不传之秘"、屡遭湮没的传统笔法以浅显、科学的方式加以阐释，实为"深入正统书学堂奥的津梁"，"在当代书坛浮躁亢奋和审美标准模糊混乱的现状下，研究和倡导沈尹默，具有廓清视听和整肃风纪……烛照后人的意义"（沈培方《〈海派代表书法家系列作品集·沈尹默〉序》）。

有识之士，当不会忽视了这份宝贵的遗产。沈尹默虽学书甚早，但并无名师亲授，虽天借颐寿，却双目几近失明，他以勤奋和刻苦造就了"数百年未有出其右者"的艺术成就，更以其渊博学识和文化精神，成为令人尊敬的前辈。他是近百年以来，真正可以称得上对中国书法艺术作出重要贡献的大师。

（本文为《大师私淑坊·沈尹默讲授书法》导言，2013年，

上海书画出版社）

纪念沙曼翁先生

　　今年是沙曼翁先生诞辰百年，今天我们在此一起隆重纪念他的艺术人生和取得的艺术成就。

　　沙曼翁先生1916年生于江苏镇江，长期寓居苏州。他少年即学篆刻，后从虞山萧蜕庵先生学习籀文、小篆、隶、分各体书法及中国文字学，并于二十世纪三十年代在上海、无锡、苏州、常熟等地举办个人书展，初显声誉。四十年代，先生与浙江潘天寿、金维坚、余任天等发起成立龙渊印社。五十年代与上海马公愚、王个簃、方去疾、叶露渊、陈巨来诸先生组织中国金石篆刻研究社。他精研六书，饱览群籍，上至吉金石鼓，下讫汉唐宋元石碑，择要探征，殚思竭虑，文字训诂，造诣日深。他并深究老庄哲学，形成自己书法篆刻艺术的美学思想。在历经了"文化大革命"中一段人生跌宕后，1979年，在《书法》杂志发起举办的全国群众书法大赛中，沙曼翁先生的作品一举夺魁。从此，一方面，他的艺术成就为全国人民熟知，另一方面，也开启了其书画金石实践和理论的崭新旅程，最终创造出独具个性、自成体系的艺术成就，并于2009年获得第三届中国书法兰亭奖终身成就奖。

在曼翁先生坚守不屈的艺术历程中，我们上海书画出版社与曼翁先生结有一段极为重要的机缘，因此我们对曼翁先生还有特殊的感情。今年正值先生一百周年诞辰，为更加隆重而有意义地纪念这位书坛前辈，当曼翁先生哲嗣沙培德先生来谈及为曼翁先生整理出版书画篆刻集时，我们非常快速地达成了合作意向，并决定在我社"朵云名家翰墨"大系中率先隆重推出书法专集《沙曼翁》和篆刻专集《沙曼翁古木堂印选》。经过近两年的作品准备和精心编撰，在双方的紧密配合和积极努力下，两巨册作品集，在本次纪念活动前夕，终于隆重出版。

在书籍出版的过程中，我们得到了曼翁先生的重要弟子、中国书协副主席言恭达先生自始至终的关心、支持和指导，他对沙老作品集的出版寄予厚望，成为我们精心编制好沙老著作的强力幕后支援。两年中，为编辑好二书，我们几易其稿，反复校核，试图以最佳品质呈现给世人，同时，也以此作为后学对曼翁先生艺术和为人的一份崇敬之心。

曼翁先生一生临池不辍，其书艺兼擅甲骨、金文、秦篆、汉隶、分书、真书及行草书，所作苍浑雄古、隽雅秀颖、峻爽朴茂，更臻化境。尤其是其篆隶书，在其古稀之年实现了篆隶通变，将笔势呼应、枯湿相辉的追求运用至静中有动、平中求奇境界。其治印，则操刀不激不厉，蕴藉而有韵致，高大而不粗野，变化多端，不愧为篆刻大家。

长期以来，曼翁先生上追秦汉，师法传统，纵览古人名迹，最终形成了古朴淳雅、苍劲秀逸的艺术风格。其用功之长，浸淫之广，令人叹服。本次出版的书法专集《沙曼翁》选录了其二百六十件书法作品，附录了五十件绘画作品，篆刻专集《沙曼翁古木堂印选》选录其八百方印作，并汇集了严谨编撰的艺术年表和曼翁谈艺、印论，为首次大规模、成系统地出版曼翁先生的书法篆刻，包括绘画在内的代表作品，以及重要文献，均堪称蔚为可观。我们相信，这两套作品集的出版，将为当代书法史贡献上宝贵的艺术财富，对我们全面认识曼翁先生的书画篆刻艺术成就，研究和学习曼翁艺术的精粹和营养，传播曼翁先生的思想，都具有无可估量的重要作用。

（2015年11月12日）

六世传承　莱溪守望

——记翁万戈先生

　　我拜识翁万戈先生，是2006年在上海博物馆举行的"中日古代书法珍品展"开幕晚宴上。我还记得很清楚，那天晚上嘉宾云集，气氛热烈，我在没人引荐的情况下，冒然举杯去向翁先生敬酒，翁先生起身，十分热情地回应了我。我以自己从事二十余年出版的经验，顿时感觉我们之间将会为翁氏珍藏开启一段历史性的因缘。我当即约请先生，说哪日有空，我单独请他小酌以便讨教。先生马上从口袋里找出一个小本和一支笔，翻看行程，当即约定了时间，并认真记下了我们约定的时间。这个小本子，此后多次出现在我与先生约见的时刻，先生的严谨认真就此给我留下深刻印象。果然，我们在次日中午延安饭店边的苏浙汇聚谈，先生给予了我巨大的信任，并将他正在做的翁氏文献整理和书画研究诸工作——叙述。我听了极为震动，这是一个庞大的构想，却出自一位将近九十高龄老人的心扉。当时，他的目光中充满着坚毅和自信。席间，我们就翁

翁万戈先生（右）与本书作者

氏文献和书画藏品的系列性整理出版达成了合作意向，其中之
一，即有序地出版翁氏六代所藏的中国书画精品，翁先生将自
撰研究和鉴赏文章。

此后翁先生借上博展、上图展和其他事由，几乎每年回
国一次，我都拜会一面，在上海，更是我都要在苏浙汇为他接
风，因为他盛赞那里菜式不错，尤爱那里做的鱼。2008年12
月，我应邀往中华世纪坛世界艺术馆参加"传承与守望——翁
同龢家藏书画珍品展"开幕式，于北京与翁先生见了面。2010
年9月，翁先生在参加上图举办的"琅函鸿宝——上海图书馆
藏宋本展"之后，表示因乘机不便，将不再返回国内。

2008年，我来到书画社工作后，依照我们当初的约定，
我加快了推动翁先生翁氏文献和所藏书画整理出版的步伐。
2012年6月，我们启程专门赴美拜访了远在波士顿北部新罕
布什尔州山中的小镇莱姆（Lyme）。这是我拜识翁先生后久
有的一个心愿，不仅是时隔三年，尤其想念已九十四岁高龄
的老先生，更因莱溪居贮藏着海外最大宗之一的一个中国艺
术品收藏传奇。1948年秋天，翁先生预感内战将起，为避
战火，遂将天津的翁氏家藏尽数打包，运到上海，再从上海
运到纽约。当这批宝藏历经坎坷、远渡重洋抵达纽约时，翁
先生决心以毕生所能守护家藏，背负一个收藏世家的传承使
命。退休之前，翁先生选中莱姆小镇的半山丛林，架椽筑

屋，以贮珍宝。此后的三十余年，翁先生即隐居于此，继续对翁氏文献和中国书画做潜心的研究。

我们经过六个多小时的车程，从纽约来到了莱姆小镇，在葱郁林木之中，终于见到了照片中的莱溪居，听到了翁先生特有的欢快嗓音。在翁先生亲自设计督建的莱溪居里，窗外莱溪潺潺，四壁尽是名作，真乃"山中习静观朝槿，松下清斋折露葵"的别业颐年之所。莱溪居已成为来美访中国书画最令人向往的去处之一。1985年，谢稚柳、徐邦达、杨仁恺、杨伯达、王季迁、黄君实六先生齐聚于此，鉴赏翁氏六代收藏的书画珍品，郑重先生评之为继苏轼等在王晋卿家之后最有中国文人气韵的一次雅集。

翁先生身材魁伟，神朗气清，三年不见，他只是双腿显得有些蹒跚，但仍思维敏捷，言语幽默，记忆力甚强。他带着我们参观了他的几个书房，称他一天忙碌不堪，轮番上阵，没功夫寂寞：一处用作研究中国书画，一处用作整理翁氏家族文献，一处用作写字画画，一处用作写作传记。在一张桌前，我们再次就翁同龢日记、《翁氏文献丛编》，以及翁氏书画珍品的出版做了深入商议。对书画部分，翁先生决定为每一幅书画都写一篇鉴赏研究性文章，首先聚焦梁楷的《道君像》和王翚的《长江万里图》。

翁氏六代所藏中国书画的主体部分来源自翁同龢。翁同龢因系同治、光绪两朝帝师，曾居军机大臣之位，因此有机缘见到顶级的历代珍品，并有一定能力购入他倾心的书画。2008年12月，我应翁先生之约，赴京参加在中华世纪坛世界艺术馆举行的"传承与守望——翁同龢家藏书画珍品展"开幕式，见到了五十件翁氏所藏中国书画，令我一窥翁氏六代所藏之精品，其特色是明清文人书画作品，上入宋元，下及沈周、文徵明、董其昌、项圣谟、陈洪绶、朱耷、清代"四王"、恽寿平、华岩、金农诸家。最为珍贵的，是梁楷的《道君像》，此画谢稚柳先生曾有专文介绍，并被编入《梁楷全集》第一幅，认定为梁楷早年细笔精妙之作；最为辉煌的，当属王翚的《长江万里图》，是王翚费时七月、颇为自得之作，长达十六米。翁同龢初见此画于博古斋，议价四日，终以购房款四百金购入。得宝之后，翁同龢在匣盖上题诗曰："长江之图疑有神，翁子得之忘其贫。典屋买画今几人，约不出门客莫嗔。"

我则对翁藏两件书法作品情有独钟。一件是唐开元年间遗存至今的四十三行《灵飞经》墨迹，乃《渤海藏真帖》《望云楼帖》之原身，亦是翁氏家藏书法中年代最早的精品。启功先生曾专门撰文，称"真正看出唐人的笔法墨法，始知无论《渤海》《望云》都一样走了样。尤其墨彩飞动的特点，更远远不是石刻拓本所能表现万一的"。此赫赫有名之作翁先生已转让给纽约大都会博物馆，我们在大都会展馆内已一睹芳容。

另一件，则是初唐四家之一薛稷的《信行禅师碑》。此作上承褚遂良《伊阙神龛碑》遗意，下开宋徽宗"瘦金书"之先河，实为唐楷佳品，然世人都以为世间仅存流入日本的"何绍基藏本"，后因马成名先生于莱溪观看"翁氏藏本"，终于打破孤本之说。翁藏《灵飞经》墨迹和《信行禅师碑》二件精美绝伦之作，后均收入书画社出版之"中国碑帖名品"丛帖中，后者更是首度完整惊艳亮相。

　　一别莱溪，今又五载，翁先生已是年届期颐，虽隔大洋，然赖先生女翁以思、侄翁以钧二位先生常递信息，令我如睹先生或伏写或缓行于莱溪之畔的身形神采，每念及此，亲切和崇敬之情不可自抑。

　　翁氏珍藏，由翁同龢承翁心存之收藏，逐步积聚而成大观，故而凝结着翁家六世的情缘和心血。如翁同龢曾在陈洪绶《三处士》卷后题："此三友图道光己酉先公（翁心存）得之吾邑沈氏，喜颂其诗，常以自随。先公卒，吾兄玉甫携之入湘、入鄂，去年余省墓归，又携以北，每一展卷，不知涕泗之横集也。"经手之藏，甚至以为"性命可轻"（翁同龢引赵孟坚语跋王翚《长江万里图》），因此常常感慨万端，并发出"后人能护之否"的疑问。而此后这批藏品的命运远超出翁同龢的想象，可谓历经沉浮、险象环生。而万戈先生以一己之力，护宝越洋，毫发未损，保存至今一百七十年，应该说，翁先生是交出了圆满的答卷。后辈我等念兹传奇，怎不感慨万端?

更令人钦佩敬慕者，翁先生并不将私藏秘而不宣，视其为珍宝而独占，而是视为家族使命和中华文脉在他身上的一种承续，他理应担当起历史的责任。他不仅热情而开放地接待来自世界各地的中国古籍、艺术研究者，更是努力以捐赠、展览和著述等方式，弘扬藏品所荷之中华文化。后者试举数例，以见其不遗余力:

1985年，纽约大都会博物馆举办翁氏藏书展览，众多孤本秘籍首度出现在世人面前，令学界震惊。

1987年1月，翁先生在上海人美社《艺苑掇英》第三十四期专集介绍翁藏书画、碑帖精品。

2000年4月，翁先生将八十种五百四十二册宋元明清珍稀古籍善本书转让给上海图书馆。

2008年12月，翁先生在北京中华世纪坛世界艺术馆举办"传承与守望——翁同龢家藏书画珍品展"，系翁氏六代中国书画珍藏首次大体量公诸大众。

2009年4月，美国洛杉矶亨廷顿图书馆推出"六代翰墨流传——翁氏珍藏书画精品展"，被誉为"世界上最伟大的私人收藏之一"。

2009年12月，出版《美国顾洛阜藏中国历代书画名迹精选》（上海人民美术出版社）。

2010年9月，翁先生向北京大学捐赠明吴彬绘《勺园祓褉图》。

2011年12月，上海中西书局出版翁万戈编、翁以钧校订《翁同龢日记》（1—8卷）。

2015年11月，翁先生向上海图书馆捐赠翁同龢日记手稿和翁同龢任职期间保存的一批珍贵档案、文献资料。

2016年11月，上海图书馆举行"琼林济美——翁氏藏书与文献精品展"，同时出版《翁同龢日记》影印手稿（上海远东出版社）、《翁氏藏书与翁氏文献》（上海书画出版社）。

　　翁先生说："如果没有历史意识，怎么会收藏这么多年呢，历史意识在六代人甚至历时更长的收藏过程中是最重要的支柱。"他说："我为家藏而活，而家藏也成就了我的人生。"我体会此语寓意极为丰富，这其中不仅指他完成了家族的使命，成就了他收藏家、诗人、艺术家的宝贵人生，更让他成为一名中华文化的世界使者，他要为世界"发挥、利用好它们的价值"。莱溪居成为他守护家藏的阵地，更是其文化守望精神的出发地。

　　作为与翁先生有将近十二年之约的晚辈"老朋友"，我能陪伴先生共同经历与翁氏六世珍藏有关的一段过程，亦是我之荣幸。而今又逢翁先生期颐寿辰将近，先生亲撰之"翁氏藏中国书画品鉴"系列开犁二种即将出版，更是倍感荣耀！谨记数言，以呈晚学与编辑同仁的生日之贺和跨洋祝福！

（2017年7月12日）

我的灯塔，出版人的碑额

——怀念赵昌平先生

今天，我告别了我尊敬和爱戴的赵昌平先生，步出满是花篮和挽幛的灵堂，面对阴沉的天空，脑际就是"寻寻觅觅，冷冷清清，凄凄惨惨戚戚"这一串易安的词句……思绪又回到周一的早晨，正是那个早晨，赵先生因心脏病猝发而去的噩耗，将我震得六神尽失。那个夜晚，我坐在电脑前，想写点能够表达心情的文字献给赵先生，但对着惨白的屏幕，竟长时间写不出一个字！

今天，我努力平复了心情，再次坐到电脑前。我想了想，我的职业生涯选择了出版，是种幸运；而在我事业成长的道路上，能够遇见赵昌平先生，则是我更大的幸运！

我与赵先生见面于何种场景，实在是记不清了。但我清晰地记得，1985年，在绍兴路出版局大楼边的五楼——上海古籍出版社的校对科，我们同进出版社的五位新人的耳边，时时被念叨着一个叫"赵昌平"的名字，这个名字与审了多少难

赵昌平先生（左）与本书作者

稿、抓出多少错误画等号，心中不自觉地对他升起敬畏之情。赵先生于1982年从华师大毕业来到上古社，校对科的传言，就是他刚进社在校对科实习时留下的"传奇"。一年后，我们也来到了瑞金二路本部，这时赵先生已担任一编室主任。我被分在资料室楼上的六编室，中午休息时分，经常能看到一略胖一略清瘦的两高个，同进同出272号大门，后来才知道那位清瘦帅气的，就是赵昌平先生，另一位是二编室主任王镇远先生。

用"敬畏"二字来形容我与赵先生相识前后的感觉，应该是十分准确的。从迈进出版社工作的时间上算，我们与赵先生等人相差无几，但赵先生1968年毕业于北大，中间历经"文化大革命"，而后考上华师大研究生，师从施蛰存、马茂元先生，这种经历和学力，远非我等初出茅庐的应届本科生可比。因此，成百上千地抓出原稿中的差错，大幅提升书稿的质量，赵先生的审校案例，无疑让我们这些初涉编辑岗位，尚在补充知识阶段的后生翘首仰视。此后，我又多次听闻，赵先生工作之余发表多篇长文于《文学遗产》和《中国社会科学》等重要学术期刊，于唐诗领域的研究深受学界推崇。学者型编辑是二十世纪九十年代兴起的一个概念，其实在上海古籍出版社八十年代的编辑部里，放眼望去，前辈们个个都堪称名副其实。赵先生以其出类拔萃的特质，更是早早地崭露了头角。现在回看，八十年代中期至九十年代中期，是上古社发展最重要的阶段之一。在魏同贤社长的率领下，出版社大幅向现代文化企业转型，出版社主动面对学界和读者，许多基础性选题得以布局，多个重量级项目成功实施，而一批此后影响上古社乃至上海出版界格局的人才，也基本都已聚集一起。一批三四十岁的壮年人才先后进社，并且逐渐担任中层以上要职，大大增强了编辑力量。而我们几位二十多岁的年轻人，也在期间学习成长。

我对编辑工作的几次重要的认识提升，几乎都与赵先生的帮助有关。对最初一次，我至今记忆犹新。那是社里出版《古诗海》一书时，赵先生知道我原是中文系出身，就鼓励我为该书撰稿。稿成后呈给赵先生，不料赵先生为我专门上了一趟治学与编辑加工的双料辅导课。他拿着我的稿件，上面批满他特有的蓝色钢笔字迹，逐字逐句讲解撰稿要旨和改稿的方法，处处皆中要害。此后我开始自警，依此举一反三，不论写作还是审稿，我都仿佛寻到了门径。

赵先生对我们这批当时尚属年轻人的喜爱和提携，是人人尽知的事。我以受惠人之一的体会是，赵先生的这种爱护又与他对工作、事业的要求相表里。首先他认为我们要筑好根基。审稿就是编辑的根基，这在上古社是传统，赵先生更是"严"字当头，对书稿质量问题从不轻易让步。这种例子发生在他经手的每一部书稿上。他经常将自己关在房间里，可以一整天不见身影地埋头审稿，我们敲门而入，则是一屋子烟味，办公桌上堆满书稿，稿子上夹满签条。他亲手组建的编审室，是名副其实的编审室，清一色经验丰富的编审，其中有史良昭、李学颖、曹中甫诸先生，都是编辑大家。这一强大的把关队伍，在当时全国的出版同行中堪称一绝。如被赵先生或某位编审叫去，然后抱一堆夹满签条的稿子回来，那绝对是一桩无地自容的事。但要真正做到书稿加工过关，不仅要求自身学养深厚，更要保持一种恒久不破的意志。赵先生不仅身先士卒，啃硬骨头在先，更是一直在给我们灌输"质量是出版社生命"的理念，这在八十年代，是大大超越了一般编辑"甘为人做嫁衣"的被动认知的。

其次是鼓励我们要有所创新、各尽其才。赵先生自己也从不掩饰对我们这批"六〇后"的喜爱。他说古代的内容也需要用新手段来演绎，古籍出版的事业更需要素质多样的年轻人来承续。他的眼光显然投射得更远。他十分喜爱与我们聊天，哪怕只有几分钟。他说他要从我们身上获得新鲜的感受，其实他自己就意识十分超前。虽然他治学十分注重传统根柢，但学术观点和理论常常出新；在选题方面他强调古籍的基本书建设和深度整理，但他又常出新招，开发形式多样的普及产品。他先后亲自操刀了面向中学生的《文科十万个为什么》《二千年前的哲言》等选题的策划和组织编写，获得可观的市场回报。

二十世纪九十年代前后，很少有文史学者主动为大众读者写书，但赵先生却很早就看到大众的需求，认为这既是出版社的文化责任，也是出版社面对市场的必然选择。他多次组织开发此类选题，为解读经典原著、普及传统文化，作出了可贵的尝试。这种敢于试新又严密论证的方式，赢得了年轻编辑的共鸣，也深刻影响了我。

1995年前后，上古社史、哲编辑室合并，组成第二编辑室，赵先生主动分管我们。他常常会走出自己的房间来到我们中间，听我们谈书稿、谈作者、谈选题、谈社内制度建设等等话题，然后会摆出他的观点和建议。他还对我们每人的选题方向都提出构想，并专门约见，就他认为有价值的思路，与我们深入探讨，帮助完善；有时他会针对我们的特质，专门设计选题，以发挥个人与社选题方向的最大契合度。就我而言，就曾多次被专门"召见"。也就是在这样深度的交流中，我对赵先生的感觉由"敬畏"转向了"敬佩"，进而转向了"亲切"。这些交流讨论，都成为我珍视的工作方法和思想宝藏。

二十世纪九十年代中期以后，出版业完全告别"书荒时代"，进入了买方市场，选题和渠道的竞争进入白热化，许多出版社在竞争的大潮中迷失、沉浮。赵先生和李国章社长一起牢牢把握了上古社的方向，坚持走传统文化积累和传播的道路。社里通过重大项目建设、多层次的选题开发和精品战略，推动出版社"双效益"走在了全国古籍社同行的前列。在此期间，赵先生显示出敏锐的专业意识，他对我们说，近几年来学术界的古典文学研究有式微之虞，而史哲渐热，成果渐多，一般读者的阅读兴趣也从古典诗文，转向了历史故事、诸子百家之说，这对二编室来说是重要机遇。他要我们尽快把握这个动向，拿出行动来。经过一段时间的酝酿、部署和实施，二编室选题显示出活跃且多样的态势，一时呈现出全新气象。在此期间，赵昌平先生还显示出超前的国际交流意识，他利用与香港商务老总陈万雄先生良好的私人关系，派遣我和吕健往香港商务印书馆进行合作，试图利用博物馆文物和考古成果，来共同打造一部立体展现中国历史的彩印读本。此事虽最终未果，但当时香港同行的出版理念和手段均先进于内地，我们俩得到了实战的锻炼。

建社六十多年来，上古社长期坚持走专业化道路，几代领导都作出了卓越的贡献。赵先生是上古社历史上任职时间最长的总编，在他任职期间，出版社历经事业单位向企业转制，一路遭遇坎坷不断，但赵先生团结同仁，敢于竞争，大大扩大了"上古"品牌的影响力。进入二十一世纪，出版社市场化程度愈来愈高，专业与大众、学术与普及、眼前与未来、文化使命与经济利益等问题不断困扰着编辑同仁。赵先生常常花很多的时间，像兄长一样与大家促膝谈心，不断化解编辑心头的各种疑惑；同时提出四种意识（市场意识、基干意识、品牌意识、规模意识）相统一的工作路径，用以具体指导大家在工作中遭遇的种种矛盾。而在许多关键时刻，赵先生往往能凭借长远的眼光和丰富的经验，敏锐地辨析问题所在，作出有利的决断。我记得2004年，社里曾就《中华文史论丛》复刊一事反复探讨。赵先生力主复刊，在班子决策后又亲率我们北上北京，邀约文史哲各界著名学者，组建阵容强大的编委会。他委托四编室元老蒋维崧先生操盘《论丛》，使得这份诞生于1962年、享誉学界的老牌学术期刊，连续发表一批名家新作和前沿论文，走出困顿，成功成为中国社会科学核心期刊。《论丛》的复刊，使得上古社大大加强了与全国一流学者的交往，编织起了一张辐射海内外的学术网，不仅提升了《论丛》自身的影响力，更为图书选题带来了丰厚的资源。2005年起，我因分管《论丛》，与北大、清华、中国社科院等一大批著名学者常有往来，了解了学术界的最新动态，与他们结下了友谊，出版了葛兆光、李伯重、荣新江、夏晓虹、张国刚、黄一农等人的重要著作，为学界和学术媒体所关注。而这一切，在我们同赴北京举行第一次《论丛》编委会的火车上，赵昌平先生都预想到了。

进入新世纪，尤其近十几年来，上古社又主动迈出了一大步，就是由以传统经史子集文献为主要对象的古籍整理和研究著作的出版，扩展为传世和出土（新见）文献并重，逐渐实现并完成了做强出土文献、文博考古板块的升级转型。这一变化是上古社在二十世纪八十年代末期开发海内外藏敦煌吐鲁番文献出版以后，以2001年出版《上海博物馆藏战国楚竹书》等图书为标志，率先进入新出土简帛文献领域，再次引领学界出版热点，使得社里开始进一步重视对当代考古成果、文博馆藏资源的开发利用而做出的新布局。在这项战略抉择方面，赵先生再次显示了他的睿智和学术洞察力，他认为在这个方向的及早布局，将适应当今学科日益贯通、学术研究注重新材料的新需求，并将拓展传统古籍整理出版的边界，丰富上古社的出版内涵。如今，上古社不断整合、补充力量，使得这个板块得以愈加丰满，显示出有力的后劲，不仅在国家级奖项上屡有斩获，在社里"十三五"国家项目中占有将近半壁江山，也在全国同行中占有重要一席。

　　我到上海书画出版社工作后，工作内容和环境发生了较大变化。赵先生见到我，总要问我工作是否顺利，尤其要细问选题情况。我常常也将想做的事情从头说起，赵先生会像以前一样摆出种种建议，这种情形让我特别享受，仿佛还工作在他的身边。

　　赵先生在著述和编辑工作中极为严谨，但待人却极为宽厚，他用情至深，一派兄长之风。我与赵先生相识相交整三十三年，在懵懂不识之时，我向他讨学问教；在头绪纷杂的时候，我找他条分缕析；在遭遇挫折时，我找他倾述委屈；在难辨方向的时刻，我找他点拨迷津。先生是我的灯塔，他不仅在我的事业路途中一路引领，更在我的人生旅程中时时温暖我的心灵，我为自己一生能获得赵先生兄长般的厚爱感到无比的庆幸。

由于年龄和所境的变化，我对赵先生学识和出版境界的认识也大有变化。他在古典诗文的内蕴中寻求至善和真谛，又以古今结合的学术方法去建构最新的理论阐释；他说我们的题材是古老的，但编辑的理念必须是现代的。现在回想起来，深深感念这一切都被他融通得那么和谐统一。他辅佐"三朝"，呕心沥血，胸怀磊落，格局宏大，主张以"自强不息"灌注上古社的精神气质，以"为往圣继绝学"为企业信念。他在担任全国政协委员、上海版协理事长期间，又以对出版全局的思考，为当代出版事业付出了巨大心力。他是真正学者型的编辑，有思想的出版家。他把所有的才华和对出版的热诚，都熔铸在三十多年经手的书稿中，他所提炼的条条出版理念，也浇灌给周边的后进者。赵先生是我们出版人的骄傲，他的辉煌建树，足以镌刻在当今出版丰碑的碑额。

从听闻噩耗的那一刻开始，我一直不能相信赵先生已离我们而去！但我今天实实在在地与他告了别，实实在在地与他从此天人永隔……想想他为我们付出了那么多，给予了那么多，而我只能匆忙地用一些零碎的文字来回报他，岂能不悲从中来！

（《中华读书报》, 2018年5月30日 ）

他不是出版人，却有着出版人的使命感

——追思孙逊先生

　　有很长一段时间，我来上师大，只为看望孙逊先生，但自他离我们而去，我就再也没有回到母校。而在上周末，在这满是寒意的冬日来到上师大，我也是为他而来，来参加孙先生的追思会。孙逊先生离开我们已整整一年了。

　　孙逊先生是我的老师，但他没有亲自为我上过课，是他的夫人孙菊园老师为我们上海师大古籍所首届文献班上过课，我们因此而有机会时常见到孙逊先生，并总要讨问他许多不明所以的问题。这个时候，性格活跃的孙菊园老师，就会微笑着在一旁静静地看着我们。

　　我之所以把孙逊先生认作老师，不仅是在学问上曾求教于他，更缘于在我人生的多个阶段，他都给予了我暗夜中烛光般的指引。毕业后，我干上了出版工作。我就以一个编辑的视角和有限的认识，谈谈孙逊先生对出版工作所作的杰出贡献。

　　孙逊先生毫无疑问是一位卓有建树的学者，他在以《红楼梦》研究为起步的古代小说研究领域，取得了众所公认的成就。他的成名作《红楼梦脂评初探》是1981年在上海古籍出版社出版的。这个出版社，就是我毕业后供职的单位。由此，我知道了孙逊先生因这部书不仅破格晋升教授，且扬名天下。此后，孙逊先生的许多著作，都在上海古籍出版。每每我去看望孙先生，他必然会多问几句我的工作情况，就我遇到的困扰给予深深的关切。而更多的，是常常阐发他对出版工作的思考，赞许编辑对传播文化思想的作用，并经常与我探讨各类选题，所及范围之广阔，远远溢出古典文学的边界；所论思虑之深远，常常直抵事物之根本。

　　孙逊先生有一部书稿是创下销售纪录的，那就是他主编的《红楼梦鉴赏辞典》。这书最早在1988年由上海古籍出版社出版，后大幅修订，2005年转由汉语大词典出版社出版，2011年又由上海辞书出版社（汉语大词典出版社与之合并）再版，并在这部书的封面印上了"问世30年，畅销500万"字样。一本书再不再版，在尚不采用版税制的时代，有很多作者都认为是出版社的事，与己无关。但孙先生却每逢编辑有所要求便会慨然应允，且不断修订完善，这显然是基于他对知识传播、出版社会功用的深刻思考。先生还在前言中记录和致敬了已先后别去的前辈作者，为我们展现了他自觉秉持薪火的学人精神。

或许孙逊先生以前后三十年的坚持，表达了他这一生对出版工作值得付出的执念；累计销售五百万册，也足以说明《红楼梦鉴赏辞典》这部书取得的成功。

就我个人的经历而言，也有两次与孙先生的重要合作，可见孙先生对出版事业的卓越贡献。

一是"域外汉文小说大系"的出版。

二十一世纪来临，中国学者加强了与国际的学术、文化交流，孙逊先生非常敏锐地体察到了国际视野下的中国文化研究趋势，并从自己的研究领域出发，将视线投向了域外汉文小说（主要是中国周边以东亚为主的汉文化圈中的汉文小说）。为此孙先生策划并主持"域外汉文小说大系"编集整理工作，他将这项出版工程交付给了我。整部大系包括越南、韩国、日本和传教士及其他四大部分，堪称内容珍贵，体系宏大。在该书编集整理过程中，我感受到孙先生不仅善于驾驭如此庞大体量的出版工程，更对大系出版后的学术建设作用和当下社会意义有着清晰的预设，这显然突破了一般学者就材料论事的思维方式，而呈现出优秀出版人才有的格局和工作能力。2011年《越南汉文小说集成》率先出版后，赢得了多个领域读者的关注，评价这皇皇二十卷大书，不仅可观汉文小说之域外流变，更可观照汉文化在世界的影响和传播，透视海外华人的移民生活众生相。可惜的是，"大系"出版未竟，先生遽尔已逝，令人伤痛无比。所幸的是，其余部分正由孙先生的同事和学生们接力完成，《韩国汉文小说集成》即将出版，后续工作亦在有序进行中，这是可以告慰先生的。

二是《上海城市地图集成》的出版。

1998年，孙逊先生创立都市文化研究中心，主持上海高校都市文化E研究院，这一大手笔显示出孙逊先生与众不同的跨学科建设思维，不仅为上师大搭建了一个极具前瞻意识的交流平台，更为上海城市发展建构了一个高层次学术研究智库。

为此，孙先生启动了一系列研究项目，许多重大课题与时代脉搏同频共振。面对我国正在经历的史无前例的大规模城市化，城市历史文化的保护和传承也日益为公众所关切，鉴于此，2012年起，孙先生与钟翀教授开始筹划编撰出版一部反映城市历史变迁的上海城市古旧地图集。我有幸全程参与到孙先生主持的这一项目中。此项工作从资料搜集整理到编撰成书前后历时五年，期间，通过对海内外现存上海地图的系统调查，最终获取世界公私藏家所藏上海古舆图与近现代地图二百一十七种，时间跨越了明、清及民国等三个时代，展现了传世的上海城市古旧地图的全貌。2017年，在上海师范大学光启国际学者中心成立的时刻，上海书画出版社正式出版

《上海城市地图集成》书影

了《上海城市地图集成》，并在上海书展举行了隆重的新书首发式。

　　这是有史以来首个对上海城市古旧地图文献进行集成性整理研究的出版工程，具有填补空白的意义。孙逊先生敏锐地把握了这一项目的史学价值和研究意义，认为它不仅包含珍贵的史地元素、人文信息，更是解读城市变迁，探索地域文化的第一手基础资料，而这正是上海这一国际大都会在高速发展中需要做的事。孙先生为《集成》编撰、出版工作提供了强劲的支撑。项目先后列入教育部人文社会科学重点研究基地重大项目、国家社会科学基金重大项目、上海市"十三五"重点出版规划项目、上海文化发展基金会图书出版专项基金项目、上海师范大学光启国际学者中心规划项目。《集成》出版后，获得第七届中华优秀出版物奖图书奖、第三十三届全国优秀古籍图书奖二等奖、第二十一届华东地区古籍优秀图书奖特等奖、第十五届上海图书奖一等奖、2018年度上海书籍设计双年展整体设计奖，可谓载誉而归。

　　孙先生是红学家、古典文学专家，更是一位有着人文关怀和历史视野的思想型学者和教育家，是卓越的学科规划者和领军人，他的扎实功底、开阔视野、敏锐意识、深邃思考无不显现在他的各项工作中，也充分地呈现在他对出版事业的关注和投入中。他认真对待自己每一篇文章的刊布，更将编辑出版视作其治学研究、学科建设、育人树人等工作的重要一环，极力触发出版传媒效应的最大化。在向先生请益的过程中，我每每能感受到他对出版工作的推崇和尊重。

他不是出版人，但具有超越职业界限的编辑修养和出版人的使命感，并以最大热情给予像我这样的出版人以有力的支持。他对出版事业所作的贡献，将被受益的学人、读者和出版人永远缅怀。

（《中华读书报》，2021年12月1日）

学思湖畔任韶华，柔翰镌椠托平生

我的大学

　　1981年的夏日，顶着炎炎的阳光，我兴奋地踏入了桂林路上海师范大学（当时还是上海师范学院）的大门，从此开始了我的大学生涯。那个时候，我并不知道我的未来将会如何，但是我知道，我将会获得我内心向往的东西。高考的恢复，对我来说并没有像在"文化大革命"中失去机会的上几届人那样感受强烈，但渴望进入知识殿堂，学习自己喜欢的学科，进而凭借知识改变命运，我却是与所有初入高校的学子一样，充满了憧憬。

　　我高考填报的志愿是中文系，这是我最钟情的专业，也是那个年代文学青年的"梦想天堂"。我从小喜爱文学，在高中阶段更是有些痴迷，热衷阅读和写作，这直接导致了我矢志要报考中文系。我就是这样怀揣着幸福踏入了中文系81级2

班，置身于四十多位同学之中。我用心倾听开设的每一门课，诸如中国古代文学、中国现当代文学、现代汉语、古代汉语、写作等，每门课我都学得津津有味。中文系拥有着马茂元、张斌等一批知名学者教授，虽然他们并未亲自施教我们这些本科生，但他们的学识和名望则令我仰望，并成为我学好古典诗歌和汉语知识的动力之一。

在中文系学习的两年时间里，我的阅读面大加开阔，文字表达能力有了很大提升，同时对学科的专业化系统化有了更多认识，因此学习更加努力。就在二年级期末，学校成立了古籍整理研究所，并设立古典文献专业，发出通告，在中文和历史二系招收首届学生。虽然自己兴趣很广，但基于对古典文学的喜爱，基于对未来专业方向的选择，我决心投报这个专业，考试结果，居然被录取为了首届文献班二十人之一。

古典文献专业的学习，铸下了我人生道路走向最重要的基石。在这期间，我们在老师的要求下开始直接阅读原典，并获得了极为重要的学习路径，我的视野开始跳开教科书和别人的编选本，尝试用自己的体验去了解、领会前人留给我们的精神财富和文化记忆。我的知识积累、专业框架、思维方式、世界认知、人格思考、审美培养等等，都在这个阶段得以熏陶和完善，它们推动着我向着肩负文化和社会责任的知识人发展，并成为我之后踏入社会的基本思想和行为的要求。因此，文献班的二年，应是我上师大学习生涯最为重要的时刻。其中对我影响最大，也让我最为感激的，是古籍所的首任所长、文献班的开创者程应镠先生。程先生在魏晋南北朝史和宋史研究方面卓有成就，是上师大中国古代史学科的奠基者。我们入学后，程先生像带研究生一样为我们上课，亲自讲《国学概论》和《诸子概论》。他还利用各种机会来跟我们交流，言语之中，常深深忧虑古籍整理与研究的人才匮乏，满含深情地嘱咐我们要以"板凳坐冷"的精神接续好祖国优秀的千年文化传统。结合其他老师给我们做的介绍，我方知，程先生的这些思想，均与其在"反右"和"文化大革命"中的人生体悟大有关联，改革开放所带来全新局面，令他万分珍惜时间，并不顾病体全身心投入育人和学术研究之中（1983年程先生已六十七岁，且已罹患鼻咽癌）。程先生思想独立、处事坚毅、治学严谨，其言语举止，常闪现眼前，我在心中视其为精神导师。

我们所有的课程都是程先生亲自设计的，他总结传统治学的经验和学习方法，为我们开设了《诗经》《论语》《孟子》《左传》《楚辞》《史记》等课程，要求熟读至完整或部分能背诵。这一要求开始时颇令我们恐惧，但逼迫我们花下大量时间去逐一诵读，不久就收获了"读书百遍，其义自见"的益处和妙处，让我们得以从容地探访古圣贤们思想的堂奥。

除程先生亲自讲授《国学概论》《诸子概论》外，他集各方力量，为我们配置了堪称阵容"豪华"的老师队伍和精品课程，如胡道静先生讲《目录学》、郭若愚先生讲《文字学》、林艾园先生讲《校勘学》、苏渊雷先生讲《老子》《庄子》、金德建先生讲《论语》、辛品莲先生讲《孟子》、李家骥先生讲《左传》、徐光烈先生讲《史记》、江辛眉先生讲《唐诗》等等。他还邀请到邓广铭、陈鼓应等著名学者来给我们做讲座。有这些名师为我们仅二十人的小班上课，堪称"小灶"特供，令其他中文、历史系的同学羡慕不已。而正是因法乳极正，我们得以一窥古代典籍的精华和传统治学的门径；先生们的循循善诱、谆谆教诲，为我们探访博大浩瀚的中华历史文化，筑下了收益无穷的厚实根基。今天看来，这些老师都堪称是我们这个时代最后的一批继往圣之绝学者，如今他们大多已离我们而去，但经他们辛勤播散的种子，则深深埋入了我们的心田，在此后的岁月中，这些种子已生发出无数枝蔓，融入了我们的经脉，强劲着我们的骨骼，撑开了我们头脑里的世界。在程先生等一众老师的辛勤耕作下，上师大古典文献专业成为当时全国最早的三个本科专业之一，被列为上海市首批文科重点学科之一，而我们则成为了首批获益的学生。

四年大学，除了幸运地进入了钟情的专业，接受了名师的悉心教导外，令人难以忘怀的还有上师大良好的学习条件和幽静舒适的环境。三十多年前，上师大的硬件自然没有现在的这么好，但处在改革开放开始起步的上世纪八十年代初期，我们已经觉得非常优越了：紧邻桂林公园的校址，一条小河把她分为东西两部，教学楼和图书馆掩映在高大树木之中，东西部各有一个标准操场；更为其他学校同学羡慕的是西部有室内体育馆，东部有音乐厅，我们时常能在体育馆观看体育系师生的球赛，听到音乐系师生在音乐厅里的演出。当然，除了清晨和课后的活动外，我更多的是在图书馆附近找一块有树荫的空地，完成每日诵读的功课。高大成排的梧桐与连接东西部的主道平行，我则常常穿行其中，往返于宿舍和学思湖之间。而没课的时候，尤其到了晚上，我更多的是来到图书馆或教学主楼两侧的阶梯教室，找一个角落，打开要看的书，完成该做的功课和自己的阅读。在学校小小的书店里，我用每月省下的餐金，淘来钟爱的书籍。学思湖畔的岁月陶冶着我的性情，培养着我的学习习惯。我开始学会用思索的方式外观察世界、内反省自身。我就是这样"刻板"地走完了我的大学生涯，但这"刻板"并不让人沉闷，更不觉寂寞，而是身心充满了愉悦。这期间所学所遇的一切，都令我终生咀嚼回味。

出版生涯

上师大的四年，奠定了我的基本知识和兴趣范围，教会

了我进一步学习的方法，培养了我解决问题的基本能力。这些
为我踏入社会后能胜任工作，发挥了重要作用。

　　毕业前夕，我对自己将从事何种工作有过重重顾虑，因
为当时毕业后的就业，都是学校统一分配的，工作去向都不由
自己选择。对自己即将到来的职业生涯，同学们都各有所思，
也充满遐想。同学们在一起交换着打听到的有关分配的信息，
说起有两个去出版社的名额，这让我怦然心动。自己读的是古
典文献专业，对书籍的热爱，对编辑职业的崇敬，都一直深藏
于心中；另外，我自己兴趣广泛，还有书法绘画基础，每次逛
书店，对琳琅满目的图书，从内容到形态一直都有自己的判
断，这个信息让我认真思考。仔细思考之后，感觉自己特别适
合做编辑，我便把这个心中意愿忐忑地告诉了我们的班主任王
松龄老师。分配结果公布，我竟然如愿以偿，与另一位同学一
起被上海古籍出版社录用。命运之神如此眷顾于我，我决心在
今后的工作岗位上要像样地做出一番成绩，以报答老师们对我
的培养和信任。

　　1985年的7月，又一个炎炎夏日，我跨入了坐落在瑞金二
路上的上海古籍出版社，在一桩小洋楼里开启了我的编辑出版
生涯。

　　上海古籍出版社的前身是中华书局上海编辑所，如以中
华书局的渊源算起，其历史则与近现代中国出版业的源头相连

接；新中国成立后，中华书局主要以中国历代典籍的整理和研究为出版方向。当时的上海古籍出版社，已因汇聚了一批学养深厚的老编辑和出版了大量广受读者推崇的好书而享誉海内外。"文化大革命"结束后，出版界也百废待兴，因要补上浩劫留下的人才断层，古籍出版社从高校和社会上引入了一批人才，而我则与其他五人，作为最为年轻的一代，被幸运地选入到编辑队伍之中。之所以称"最为年轻"，不仅是年龄最小之故，还因都是应届毕业，初出茅庐，一切从最基本的开始。非常幸运的是，我从事出版工作是从这样一个具有深厚文化底蕴和优质品牌的平台上起步的，它为我们的成长提供了众多优越的条件。在上古社的三十多年时间里，我相遇了不少对我个人来说具有重大影响的人，这其中有同事、有领导，有作者、有老师，有朋友、有挚交，正是他们的帮助，我才得以渐渐做出了一些有意义的工作。

在上古社最初的几年里，我们经过从校对科到编辑部的轮转，接受了严格的基础训练，在具体实战中培养起认真的工作作风。我担任责任编辑的第一部古籍整理书稿是《郡斋读书志校证》。宋晁公武的《郡斋读书志》是一部在目录学史上占有重要地位的藏书目录，整理者孙猛先生费时十余年，校以十余种善本，并从浩瀚史志中钩稽出相关文献，与晁氏著录一一印证，极大提升了原书的史料价值。编辑这样一部近百万言、涉及文献极广的著作，对于初入编辑之道的我来说，压力是巨大的。这部书稿我整整审读了一年多。每当心生烦躁或手足无措之时，程应镠先生"板凳坐冷"的训导就会闪现在我的脑际，并成为我工作的定海之针。程先生博采众长、溯源求证的治学要求，则更是指引着我走上了严谨正确的工作路径。我除了逐字审稿之外，最大的功夫，就是查核了大量的引文，保证了书稿的质量。最后，在作者的要求下，还编制了索引，为书稿的使用提供了方便。《郡斋读书志校证》出版后，被学界评价为现存各种版本和前人研究成果之集大成者。2013年8月，在"学术出版上海论坛"上发布了由国家新闻出版广电总局、全国古籍整理出版规划领导小组组织评选、被视为代表了我国目前古籍整理出版最高水平的"首届向全国推荐优秀古籍整理图书目录"，《郡斋读书志校证》名列九十一种图书之中。《校证》出版前后，我与孙猛先生并未谋面（他上世纪九十年代出国，为日本早稻田大学教授），仅有信函有往来，但就此建立起了信任。具有传奇性的是，在书稿出版十余年后，我和作者竟在吉林大学相遇，并再度获得他《日本国见在书目录详考》一稿。此时我已是上古社副总编，经讨论，书稿很快便被列入上古社出版计划。此书是孙猛先生费二十余年心力的又一部巨作，著名文献学家陈尚君先生评其为"发明之丰富，举证之坚确，论述之精密，评骘之平实，

可叹为观止"，2015年出版后一举获得出版界最高奖"中国
出版政府奖"。

　　我的第一次独立出差组稿，也对我产生了重要影响。那
是1987年的冬天，我为进一步完善《中国艺海》书稿质量，
来到北京天安门广场边的中国历史博物馆。在历博高大宽敞
的办公室里，我与历博一众作者见面，受到了他们热情的接
待。第一次跨入这座雄伟的建筑，并且受到这样的礼遇，这
令我对自己选择的职业倍感自豪。不过这部书稿因参与人
多，在选目、撰稿和统稿等方面存在不少问题，要让作者们
理解、认同我的一些意见，这对我这样一位缺乏工作经验的
年轻人来说，堪称是大大的挑战。所幸的是历博的作者们给
予我极大的理解，并给予了巨大帮助。一个上午的"大场
面"交流对话，犹如一次"考试"，不仅检验了我的专业知
识，更大大提升了我的工作自信心。这次出差之后，真正
让我认识到要做好一名编辑，不仅要有良好的书稿处理能
力，还要能智慧地与作者打好交道，而要做到这点，则要不
断克服自身性格上的弱点，开掘自己的潜能。随着工作项
目的不断增加，我由一个内向寡言的案头"书生"，逐渐成
长为乐于交流、注重沟通的人，而这恰恰是编辑这个职业
所需要的重要素质。此时的"我"，已渐渐告别了学生时代
的"我"。

随着工作的开展和经验的积累，在社领导和同事们的帮助下，我由一名以接受工作安排为主的新人，逐渐成长为能够独立策划、组织运作选题的成熟编辑。上古社是一家专业出版社，对图书内容的审核和把关，有着极高的要求。在那里我工作了二十三年，最初在工具书编辑室，后因工作需要转到了历史编辑室，最后任副总编辑，因此面对不同编辑室的选题方向，其专业内容对我来说都具有挑战。但因大学期间打下的古典文献学基础以及自己十分广泛的学习兴趣，每遇新选题、新方向，我都提前做功课，并加强专业内必读书的阅读，努力丰富自己的知识结构，这些都帮助了自己能从容地与作者进行对话，对选题作出价值判断。二十多年里，我责编和主持运作的图书，从类型上分，涵盖文献整理、古籍影印、工具书、学术著作和普及读物等不同门类；从内容上来分，则涉及文学、历史、艺术、文博、宗教、哲学等多种科目。我所编辑出版的图书，大多获得了良好的社会效益和经济效益，一些还获得了各种奖项。在编辑工作的道路上，借重上古社的出版平台，我得以拜识一批著名学者和前辈编辑，他们在各自的领域里都卓然成家，在向他们讨教的过程中，我得以不断补上学识的不足，获得更为开阔的视野和更多的信息，学会了思考如何做好一名为人做嫁衣的编辑。也正是在这样的过程中，我物色并组织了一批作者，携手了一批编辑同仁，开掘了一系列内容资源，为推进出版社不断发展，付出了绵薄之力。一批我认为很有价值的图书，成为我成长的见证。

从事了编辑工作之后，我对书更加热爱，对书店更加感兴趣了。休息日、出差途中，有空就奔书店（后来还包括了网上书店），除了跟自己专业有关的书籍外，许多相关学科、可借鉴的书籍，我依然会收入囊中，以至家中藏书越来越多。当然，更多地还是关注自己责编的书，以及与本社出版范围有关的书。能在书店看到自己责编的书籍被读者挑选，心中自有一番难以抑制的喜悦。我逐渐认识到，出版其实与我们生活、与我们的时代紧紧相连，一个时代需要新的思想、新的内容，通过新的传播方式来实现。同时，身为从事古籍出版工作的编辑，承担着继承和弘扬中国优秀传统文化的使命，而自己每天都在从事着将文字和图像固化在书籍上，化身千万、留存后世的工作，这种责任何其重大！只有对得起古人、今人和后人，我们才算是没有辜负出版人这个职业。

2008年8月，我来到上海书画出版社，2009年起开始负责全面工作。上海书画出版社也是一家有着悠久历史的专业出版社，它以中国书画为主要出版方向，在艺术领域有着广泛的影响力。我从小喜欢书法和绘画，在大学和工作期间，许多书画技艺和知识的获得，都得益于书画社的出版物。因此，移职书画社也可以说是圆了我一个与艺术有关的梦想。但是毕竟更换了一个环境，许多问题对我来说仍然极具挑战。好在有前二十多年的工作经验积累，又处于一个自己喜爱的工作平台上，我决心竭尽所能，为书画社的发展贡献出我的力量。

在前辈和同事的帮助下，我全身心投入工作中。经过整整十年的努力，我们使得书画社的核心内容愈加丰厚，与传统文化的关联更加融通，选题结构更加完整，产品线更加清晰，针对不同层次读者的内容设计更加精准。多年以来，出版社的特色更加鲜明，出版主业在原有的基础上得到更有力的发展。同时，人才队伍得到补充和培育，人员结构和部门设置更加合理科学，出版社内外的资源联动更加有力，核心竞争力得到进一步加强。在大家的共同努力下，书画社一直处于向上发展态势，市场占有率和品牌美誉度在美术出版同行中名列前茅。十多年以来，书画社连续获得上海市文明单位称号；2017年，全社荣获第四届中国出版政府奖先进出版单位。

就个人而言，我从事编辑出版工作已有三十三年，编辑、策划或主持的图书逾千种，前后主持的国家重点出版规划项目达四十余项，获得国家级的重要奖项达十余项，其中有中国出版政府奖、中华优秀图书奖、"三个一百"原创出版工程、"中国好书""中国最美的书"等各种奖项。在上级的关怀和同事帮助下，2011年我获上海市宣传系统优秀领军人才，2014年获"上海出版人奖"，2016年获全国出版领军人才。这些荣誉都让我倍感激励。

在工作历程中，我要特别感谢一位对我的成长帮助极大且与母校有关的人，他就是孙逊先生。孙先生是著名的古典文学专家，在我大学时代，他就因发表多篇红学论文而蜚声学界。但孙先生并未给我上过课，我认识先生是源于他的夫人、我们的另一位班主任孙菊园老师。孙逊先生高高的身材，热情而又儒雅，眼光中闪烁着智慧的光芒，同学们都十分敬慕他。我任上古社副总编后，前去拜访孙先生，同时盼望此时已是上师大人文传播学院院长、E都市研究院院长的孙先生，在一些重大项目上给予支持。孙先生就以他领衔整理的重大项目"域外汉文小说大系"交上古社出版。先生做事果断，办事极有效率，很快，大系中的《越南汉文小说集成》先行交稿出版。我来书画社工作，孙先生也是极为支持，他不仅悉心指点我的工作方法，还整合学校和研究院的资源，组织专家编撰《上海城市地图集成》这一重大项目，交书画社出版。该书为目前收集海内外上海古旧地图最为系统、著录最为详尽、印制最为精美的具有里程碑意义的出版物，不仅为拓宽书画社的出版内涵作出开创性贡献，更因为上海城市研究提供了第一手材料而极受政府的重视和学界的欢迎。

回顾三十余年的出版生涯，我真切地体会到我是幸运的。我的成长与国家的改革开放相同步，我的一切成绩得益于时代的发展和进步。其次，是我的大学给予了我太多的恩惠。在那风华正茂的年代，我受到了严格且正脉的教育，受到了诸多老师的悉心栽培和导引。我努力在中国传统文化中吸取营养，并在此基础上初步形成了我的观念和行为要求，可以说学校不仅给予了我知识，更给予了我内心的精神支撑，使我能够坚信、坚守自己的人生选择。我的幸运，更体现在我的职业生涯中。从上世纪八十年代开始，我经历了出版业的不同发展时期，身处于不同的出版环境之中，虽然三十多年里发生了重大变化，但在国家总的出版政策规划和引导下，出版业仍然获得了巨大发展，这是所有出版人得以乘风破浪的大势。同时，就我个人而言，更是得到多位前辈和同仁的帮助，方得以获得更大的舞台。我个人一点点的成长，离不开所有帮助过我的人。我要感恩时代，感恩所有支持过我的人。

出版工作虽然意义重大，但内中自有甜酸苦辣，不过我以为这都是对一个人成长的磨炼。而回忆过往，自我感觉出版还是最适合自己的工作了。当手捧一本经自己之手诞生、可以触摸翻阅的实体书籍时，所有付出的智力、精力和体力，都让我感到是值得的。

作为肩负文化传承使命的内容生产者来说，现代出版业对从业出版人的综合素养要求越来越高。而在专业出版社里，它的要求更堪称苛刻。我也很早就意识到这点，因此努力要求自己向复合型方向发展。事实证明，要成为一名优秀的编辑，必须具备较为深厚的专业知识，同时又要有广博的涉猎和宽阔的视野；既要有非常良好的沟通能力和团队合作精神，又要具备独立攻克难题的本领；既要承荷文化教育、传播之重任，又要以创新思维将图书行销到读者手中……面对传统图书业正发生重大变化的今天，出版人需要与时俱进。作为一家知名艺术专业出版机构的管理者，我倍感责任重大，也无比自豪。我将不忘初心，继续以我所能，为给海内外读者奉献更多有意义、有价值、有品质的图书而努力。

（本文收入《桃李芬芳——上海师范大学百名校友风采录》，2019年，上海教育出版社）

从事艺术出版，我觉得是一种幸福

今年九月，上海世纪出版集团班子调整，社社合并成为业界热议话题。作为集团下属单位的上海书画出版社在整个过程中似乎受到的影响比较小，仍然保持着重点大社的独立建制。作为一家专业性很强，受众很小的出版社，为何能在上海世纪出版集团以至于全国的艺术出版格局中保持着重要的位置？上海书画社将如何发展得更好？为此，百道网专访了上海书画出版社社长、总编辑王立翔先生。

百道网：今年上海世纪出版集团社社合并。作为一家专业性很强，受众很小的出版社，为何能在上海世纪出版集团的这次改革中保持独立建制？

王立翔：上海书画出版社的历史渊源比较深，如果追溯更早，则跟朵云轩有关。朵云轩已经有一百一十五年的历史。今年是书画社建社五十六周年，在新中国成立以后成立的建制的出版社中，我们社也算较老的一个。多年来，在发展过程中通过不断积累和完善，书画社的艺术特性和专业特性得到了不断的加强，同时，在读者中赢得了品牌和口碑。这些都是一家具有传统的老社留下来的，有文化的基因，有成果的积累，有时间的积淀，很难被替换掉。

在出版社新的发展阶段中，尤其是"十二五"期间，我社进入到了一个新阶段，出版主业得到长足的发展，专业特性上得到进一步加强，出版社的规模和影响力在同行当中居于前列。我们提出要做深专业，做强品质，争创一流品牌，建成国内顶尖的现代化艺术出版机构。这与我们集团所提出的改革的目标要求，是完全一致的，书画社具备进一步独立发展的潜力。

百道网：上海书画出版社并非此次上海世纪出版集团的改革试点单位，是否意味着书画社可以在相当一段时期内保持在既有格局中发展？

王立翔：上海市委对世纪出版集团在全国的地位和影响力都提出了更高的要求，身处上海这样一个国际大都市，集团也应该有相称的目标和要求，所以集团采取了一系列的改革措施。集团这次改革，希望聚合力量，聚焦重要板块，加强核心品牌的竞争力，这很重要。我们是集团的下属单位，尽管我们没有身列改革试点单位，但集团所提出改革的举措和目标，同样适合我们，我们也应该是集团改革的力量之一，只不过定位略有不同而已。作为书画社，虽然我们在这方面有些独具特性或所谓领先的地方，但我们还是清晰地看到自身的问题，懂得要不断地加强自身建设。

作为一个具有悠久历史的老社，我们始终心怀读者，放眼全局。在艺术出版领域，书画社凭借长期坚持，具有一定的优势，但我们冷静地知晓优势并不明显。现在艺术类出版竞争格局非常激烈，除了专业社外，还有众多的非专业社同行，也跻身艺术出版，他们长袖善舞，各有特长。如何在这一领域找到自己的定位和目标，我们还是要花大功夫，花大力气的。在非专业领域当中，这些非专业社往往实力雄厚，综合优势鲜明，营销发行能力尤为强劲，所以我们非常有危机感。在这种形势下，书画社一定要响应集团的改革号召，要认真领会集团改革发展的真正要义，对本社存在的诸多未能符合集团发展目标的地方，要更坚决地采取相应的调整乃至有力的举措。改革不是做表面文章，可能还牵扯到内在管理条块、机制等等，甚至涉及利益。但唯有改革，我们才能发展、才能前行，我们从不以为可以置身事外，而肯定是要以主动的态度参与其中。

事实上，上海书画出版社一直行进在"改革"的路上。如果要讲到明年的工作，我认为"改革"仍是上海书画社的重要关键词之一。

从"十二五"进入"十三五",书画社进入一个新阶段。就目标来讲,"十二五"期间我们提出要做国内一流的现代化专业出版社,据总局公布的排行来看,我社发展规模已连续几年排名第一。制订"十三五"规划,我们提出了要争创具有国际品牌的一流现代化专业出版社,这是我们一个新目标。我们认为,无论是从内容资源还是实体经营,对外拓展,已放在了我们新一轮发展进程中,我们要尽可能地介入到国际的出版格局中去,在一个更大的格局当中提升核心竞争力,通过国际的平台来提升和完善自己。艺术出版虽然小众,但在内容和情感层面,具有超越语言文字的交流便捷,可以有力推动中国传统和当代的艺术创作、学术建设与国际的交流,这毫无疑问也符合国家的文化战略。其次,当今的艺术出版,更应具有国际视野和胸怀,更多探求世界文明的历史成因,重寻中国文化艺术在世界的传播足印,以更有利于当代艺术的新发展。随着中国经济的提升和与国际文化交流的深入,中国艺术出版将迎来一个全新的机遇期,世界的文化艺术将成为艺术出版的无穷资源,书画出版社不是要囿于既有格局,而应勇于变革、突破自我,前瞻新的格局,筹划新的发展。

百道网:一直以来,上海书画出版社是如何确立在市场的领先性或独占性的呢？

王立翔：首先，上海书画出版社的特点，就是始终坚持学术立社，强化专业优势。这并不是说我们要把自己打造成一个学术机构，而是要占据学术出版制高点，要建设一个有学术支撑的出版传媒单位。反过来说，没有学术特性也就不是专业出版社。因此，我们一直以中国传统书画艺术为内容核心，将这方面作为重中之重来建设和经营。这是我们保有一定优势的关键所在。在新的发展条件下，我们更要利用这个特性来进一步地强化优势。今年经上海市新闻出版局调研和论证，正式授牌我们成立了"书法研究出版中心"，这是对我们专业出版优势的认可。我们将乘势而为，拟围绕核心内容，在图书、期刊、教材和新媒体网络等方面，释放优势，加速融合，以形成三位一体、综合运作、能力更强的专业出版社。

其次，始终以读者需求为导向，以内容和形式建设相得益彰为追求，是我们不断向前的又一重要原因。我们架构了专业图书和常规选题作为产品基石，选题不断规划不断升级，学术著作不断走在研究前沿，通俗读物不断寻找大众的接受方式。时代变化很快，上海书画社不断鞭策自己，希望做到不被他人替换，勇于走在同行前列。数据表明，我们的书法篆刻类图书，一直占据市场占有率的前茅。

第三，是把品牌建设好，品质坚守好。除了定位明确、加强内容建设外，还要不断提升竞争能力，把经营行为经营好，这两者必须是相辅相成的，缺一端都不行，否则只注意内容就有可能转变为一个纯学术机构。长期以来，品牌已成为我们的核心资产，成为我们与读者的纽带。在互联网时代，我们更要加大力度，向经营向管理要效益，要向品牌建设向营销策略要效益，我们的社品牌和产品品牌，已形成有对应有层次可互补的品牌效应，代表了我们的特色和品质。在激烈的市场竞争环境中，低俗、同质、伪劣产品横行，品质和特色难免被放弃，品牌建设往往流于空洞，这对当今的出版业实在是一种备受煎熬的考验。

百道网：在即将过去的一年中，在核心的书画板块之外，社里的重点产品线是否有一些新的延伸？

王立翔：毫无疑问，书画艺术是我们的核心板块，但经过多年的发展，我社已建设成一个以传统书画为特色、多门类艺术出版并进的艺术出版机构，这主要是适应读者的需求变化，在核心内容的内涵和外延上不断开掘和拓展的结果，产品线也由此扩充而丰富，出版体量逐年增大。在这个基础上，从出版格局出发，我们对自己的产品线作了全面的架构。

在即将过去的一年里，我个人认为在产品线建设方面做得比较好的应该是艺术文献。

　　"十二五"期间，艺术文献便是我们规划的一个重点，我们以点带面，经过几年的努力，已经有了一定的规模。今年我们出版了《民国书画金石报刊集成》，有二十八册之巨。进入近代，西方美术进入中国，美术观念、美术教育，都通过出版物广为传播，其中美术期刊贡献尤大，这些期刊对不同层面的读者都产生了非常重要的影响。但不同时期的期刊生命力都不尽相同，因此今天已视之为历史文献的美术期刊，已变得珍贵稀缺。

　　我们分析，在近代美术史的研究领域，文献资料的获取不便，是造成学术推进迟缓的重要原因，我社有责任有能力为学界解决这一难题。经三年的努力，我们的编辑专门将民国期刊的发展和留存作为课题研究，在此基础上详尽总结分析了各美术期刊的不同特性和价值，勘察了馆藏分布情况，形成一份完备的选题策划书，又几经寻觅奔波，克服种种困难，最后汇编二十八巨册，得以编辑成书。《民国书画金石报刊集成》堪称是我社专业特性集中反映的一个典型案例，它出版后，在一年不到的时间里，已销售逾百套，大大方便了学界和读者使用。

　　另外，我们在今年上海书展期间出版了《海派绘画大系》（二十四卷）。这是一项百年来最为系统、规模最大的海派绘画整理出版工程，它其实是一种图像文献，我们也将它归到文献版块。5月，还出版了《凡·高书信全集》，这是编撰费时十五年、翻译费时五年，汇集凡·高文献、画作最全、编辑最严谨权威的国际项目，一出版，即引起了海内外媒体的高度关注。我们还出版了网罗珍贵稿钞本的《金石学稿钞本集成》（初编，二十卷），年底马上要推出二编（三十卷），明年出版三编（三十卷），将是对乾嘉以后金石学研究的一次重大文献梳理，初编出版，即获全国优秀古籍图书一等奖。

上世纪九十年代，我社出版过《中国书画全书》，对当代学界也产生了重大影响，从此，艺术文献的出版成为我社的一个重要内容。我们现在正在架构书画文献的全新整理本丛刊，这将成为我社文献出版又一重大项目，必会受到读者的欢迎。

百道网：融合发展是今年行业普遍在谈论的话题，对于上海书画这样一家艺术出版社来说，怎么做？

王立翔：现在讲融合发展，主要指的是传统出版与互联网条件下与新技术新传播方式的技术融合。作为传统出版大家庭的一员，艺术出版与纸质产品的关系尤为密切，因此就具体产品而言，相对来说与数字技术融合尚不十分迫切。我们很重视数字出版，但我们又比较稳健地看待两者的转换，我们需要看得更清楚些，很多技术日新月异，能为艺术出版所用的却不是很多。所以传统出版与新技术的融合，工作本身就很艰巨，我们在尝试中前行。

我个人认为，技术的融合之外更重要的是与互联网进程中观念的融合、资源的融合、经营手段的融合，这在我们这个专业社中表现得也尤为富有魅力，比如说我们产品的样式，尤其值得向融合方向做文章；我们图书、期刊、教材三大板块的资源，尤其值得向融合方向做文章；我们的图书内容转换和信息传递，尤其值得向融合方向做文章；我们的营销和销售模式，尤其值得向融合方向做文章；我们部门之间的合作共进，尤其值得向融合方向做文章；等等。因此，称转型也好融合也罢，互联网将现实中人际关系方式完全颠覆，这个现实，传统出版人必须审视并加以严肃研究。在此关口，我们需要突破自己，将互联网思维和运行的新观念新手段，与传统出版交互融合。技术应为人所用，要适应时代的发展，更重要的是理解技术背后的各种思想和思维方式，而非仅仅视之为技术，思维、观念更应实现融合。我认为这种融合已经发生，影响并体现在我们出版人的行动中、产品中，要紧的是我们如何融合得更好。要利用已有的条件，打破现有格局，促发更大能量，产生更大的复合作用，我想这是"融合"这个命题要激发我们思考的内容。

艺术出版是一个非常有意思的事业，它可以为社会和谐，为人的感情交换、审美认知、人文精神等多方面的提升以及文明进步，起到极为重要的作用。因为不论社会竞争如何激烈，发展如何迅速，艺术总能起到按摩心灵、融合感情的作用。

艺术必将伴随人类的发展。因而从事艺术出版，我觉得是一种幸福。我们要不断地探寻和反映世界之美、自然之美、艺术之美，去满足更多的读者需求，这是我们出版人要不断思考的问题。我想书画社既要为自身树立更高的目标，同时，也要与同行一起，在不断竞争中有品质地成长，不断超越自己，不断展现大千世界之美、人类精神之美。

（百道网专访稿，2016年12月5日）

《吴昌硕全集》是从艺术史角度对他的一次重估

　　吴昌硕是中国近代书画、篆刻的一代宗师，对中国近现代艺术史有着巨大而深远的影响。在吴昌硕逝世九十周年之际，日本东京国立博物馆、书道博物馆、朝仓雕塑馆元旦后联合举办"吴昌硕和他的时代"大展，这也是日本全面呈现海派书画泰斗吴昌硕先生的巨大成就。而在2017年11月，历时五年编撰的《吴昌硕全集》由上海书画出版社出版，包括篆刻、书法、绘画、文献四个分卷，共十二卷，是迄今规模最大、收录作品最多、面貌最为完整的吴昌硕作品出版物，被业内喻为"一部纪念碑式的作品"。上海书画出版社社长、总编辑王立翔先生接受"澎湃新闻"（www.thepaper.cn）对话时表示，五年的出版太不容易，《吴昌硕全集》的编辑出版是在艺术史层面对吴昌硕先生进行了一次重估。

　　澎湃新闻：最近有几桩与吴昌硕相关的事件成为文化热

点，日本东京国立博物馆、书道博物馆、朝仓雕塑馆元旦后联合举办"吴昌硕和他的时代"大展，在日本全面呈现海派书画泰斗吴昌硕先生的巨大成就，此前，吴昌硕的《花卉十二屏》在北京拍卖了两个多亿，而之前则是上海书画出版社出版了十二卷本《吴昌硕全集》，甚至有观点认为吴昌硕的《花卉十二屏》创出高价与《吴昌硕全集》的出版也有关系。吴昌硕在海派书画上，包括整个书画史上的贡献和地位，其实这几年一直在重估，那到《吴昌硕全集》的出版可能达到了一个新的阶段。我想先问一下，你们五年前当时怎么想到立项出版《吴昌硕全集》的？

王立翔： 就拍卖而言，我觉得是当下对吴昌硕热衷程度的集中反映，收藏界用拍卖上的数值表达了这个热衷程度。如果之前有铺垫的话，这个铺垫与上海书画出版社《吴昌硕全集》的编撰过程是基本吻合。这五年当中，《吴昌硕全集》从正式启动到成为国家项目，期间即2013年，我们还先期出版了篆刻卷，我们层层地推进对吴昌硕的整个梳理工作，引起学界、收藏界，乃至社会上的关注，而且关注度确实是在不断的加强。今年《吴昌硕全集》出版，应该讲是达到了关注度的高峰。我们对此也有很高的期望值，因为在项目启动的媒体报道中，我们已经感受到了公众的关注与大家参与的力量。到《吴昌硕全集》的正式出版，前后有五十余家各类媒体，对《全集》

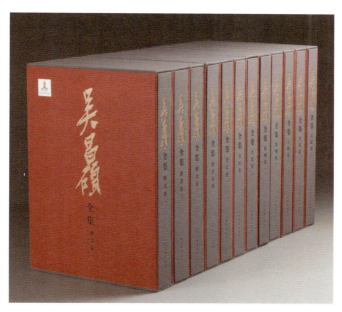

《吴昌硕全集》书影

进行了不同角度的报道，应该说得到了比较好的反响。这些都是铺垫。《吴昌硕全集》的出版，是对吴昌硕研究的重要基础性工作，毫无疑问会对学界和收藏界起到了推波助澜的作用。

同时，《吴昌硕全集》的出版，让我们对吴昌硕的认识，应该比以前更客观、完备了。《全集》以"全、新、真、精"四大特点，对吴昌硕现存的作品、文稿等进行了一个严谨而全面的梳理，因此这种认识的高度或合理性，与《全集》的编撰努力是分不开的。

你问我们为什么五年前就决定要做这个事情，其实我们想得很单纯，因为它跟我们出版社的定位方向是相符的——我们是一家以中国传统艺术为主要方向的专业出版社，近现代艺术，是我们的重要内容板块，而且我们在长期的编辑出版过程中，出版了多部不同形态和编纂方式的大型海派艺术出版物，已经积聚了雄厚的内容资源和编辑力量，是海派艺术出版方面的重镇，因此有能力和号召力再次为完成海派艺术的大型出版项目提供良好的条件。吴昌硕是近现代的一个大家，海派书画的领军者，毫无疑问在我们的考虑范围之内。

澎湃新闻：有的全集，像《齐白石全集》是北京画院组织牵头出版的，不是出版社，但是《吴昌硕全集》从头到尾都是上海书画出版社组织的，您觉得能够做成功的重要因素是什么？

王立翔：上海书画出版社是一家已具有近六十年历史的专业艺术出版社，我们当然面对的是全国，面对的是世界，但是我们首先立足在上海。而中国近现代美术主要源起、壮大在上海，上海及周边地区构成了近现代美术史的主体内容，书画出版社一直将海派艺术作为研究和出版的重要资源。十多年来，《吴湖帆书画精品集》、《海派绘画全集》（五卷）、《唐云全集》、《赵之谦书画全集》、《海派代表书法家系列作品集》（十卷）、《海派百年代表画家系列作品集》（十八卷）、《海派绘画大系》（二十四卷），以及即将出版的《海派代表篆刻家系列作品集》，等等，都是围绕海派艺术展开的。我们从单品种到组合式，由小系列形成大系列，从个人小专辑发展到个人大全集，到十二卷体量的《吴昌硕全集》，应该讲是达到了一个高峰。它可以说是圆了我们上海书画出版人的一个梦，即以海派旗手全集方式，实现对海派艺术有个案有整体的全面研究和回顾。因此，出版《吴昌硕全集》我们内心是早有所系的，也是一个义不容辞的责任。

澎湃新闻：我知道编辑出版《吴昌硕全集》的一个难点，可能在于吴昌硕的很多作品在日本，这一点你们是怎么解决的？出版社在整个出版过程中做了哪些工作？

王立翔：我们分析过《吴昌硕全集》出版的可能性，作品分散是最突出的问题。我们比较早地关注到了旅日书画家邹涛先生，因为他曾与西泠印社有一些合作，在这方面也展现了他的优势和能力，所以我们后来与邹涛先生见了面，谈得很深入、很愉快，在出版《全集》这个事情上我们达成了共识。事后有专家说我们给予了邹涛先生巨大信任，其实这种信任主要源自于当初的共识。既然有共识，而且双方都真诚体谅、互信，那其他都不是问题。在《全集》的编撰出版过程中，邹涛先生及其他分卷主编是尽心尽职的，尤其在海外作品征集方面，发挥了独特的资源优势，许多日本新材料，都是邹涛先生挖掘获得，同时，他身在日本，组织协调往往需要跨海往返，但即使如此，他更多是亲自操刀，为《全集》的顺利出版付出了巨大努力。我们的编辑团队与主编团队保持了密切的合作，遍查全国重要馆藏，铺垫大量基础工作，在保证品质的要求下，严格建立和把控体例规范，不放弃任何一点疑惑，不断解决问题，为不断推动《全集》出版的各项工作，也付出了艰辛劳动。《吴昌硕全集》的编撰出版，是在吸收、总结前人学术研究成果的基础上，尽当下最大可能，大体量地汇集了吴昌硕不同时期、题材、内容、风格等类型的典型作品，并对收入的作品作了严谨的甄别、科学的梳理和全面的释读。我们有信心地表示，《吴昌硕全集》不仅体量史无前例，而且内容品质是严谨高超的。

　　《吴昌硕全集》的顺利出版，也是一个社会力量共同推进的结果。《吴昌硕全集》的完成出版，最大的条件，毫无疑问要归功于我们这个伟大的时代，社会稳定，经济繁荣，文化兴盛，我们国家的繁荣昌盛，为如此大型出版物的出版提供了最大的支持，我们所有参与者都是生逢其时。其中，吴昌硕家乡浙江省安吉县县委、县政府，在《全集》启动阶段即给予了我们巨大的信任和支持，这对我们起到了非常重要的作用。最后，我们的项目进入了国家"十三五"出版规划，得到了国家出版基金的资助。因此，《吴昌硕全集》的出版，真是天时地利人和的结果。

　　澎湃新闻：当时启动时，可能你们真没想到后来有那么多的力量来支持？

　　王立翔：一开始的时候我们把困难想得比较多，下决心自己来解决所有的压力，初心就是以学术方式展现、整理吴昌硕这样一个具有标杆意义的海派领袖的整体风貌；同时，要尽最大可能地呈现一定数量的新材料，在各方面都能领先当下的水平，而不是一部谁都可以编得出来的作品集。

　　现在回过头来看，初衷我们是达到了。而做到这些，是源于我们对吴昌硕在艺术史上的价值认识的提高。《全集》不仅仅是收入吴昌硕作品最多最全最精的，同时也以此观照了吴昌硕完整的艺术人生。

　　《全集》的编辑过程经过了多个阶段，有普查馆藏、征集作品阶段，有整理录入阶段，有梳理鉴别阶段，有排比著录释文阶段，当然为抓紧时间，各项工作是交叉进行的，而非按部就班、排队等候，这就需要我们的编辑团队具备较高的专业素养和统筹能力。我们对繁多的作品、材料进行大量的梳理、分析和研判，诸如真伪鉴别、编制年表等等，都跟我们的编辑工作紧密结合。

　　通过这些细致的工作，我们对吴昌硕艺术人生的认识，也比以前更完整，也更客观。《全集》分篆刻卷、书法卷、绘画卷、文献卷。文献卷是《全集》出版后最受专家关注的内容，收入信札六百五十通、诗稿一百二十九件、题跋二十四件、杂件四十件，这个部分新材料是最多的，最受好评。其中信札部分，我们把它们按收信人进行了归类并按时间先后编排，如此对了解吴昌硕在不同时间段的生活、交友、游历、读书、创作等等状况，都有了重要依据。《全集》的编撰规范而系统，显现出巨大的内容价值，例如通过《全集》将作品图像信息，以及大量的落款、题跋和信札诗文文稿信息贯穿起来，对探究吴昌硕的创作历程和心路轨迹，就尤为有益。

　　澎湃新闻：通过编辑出版《吴昌硕全集》，您个人有什么体会？

王立翔：历经《全集》的整个编撰出版过程，我有这样几点认识。一是吴昌硕应在艺术史有其不可或缺的地位。我们以前认为吴昌硕对海派或者近现代书画意义重大，《全集》首次将吴昌硕的全方位信息整体地呈现在世人面前，这种基础条件，是以前所不具备的。现在我们可以用更加贯通的方法来看待吴昌硕的各方面作为，而事实上，吴昌硕就是将诗文、篆刻、书法、绘画融为一体的一代大家。我们以前比较单一或者分割，比如谈吴氏书法就是石鼓文、金石气，绘画就是海派大写意，其实吴昌硕是融汇而出之，他的艺术面貌是整个学识和艺术素养的自然流出。这样气息丰满、作品产量高、精力旺盛的艺术家，在以前的艺术家当中，或者说是以画家为主体的中国绘画史上是很少有的。单一的篆刻史、绘画史、书法史，都无法体现吴昌硕的卓越艺术成就，所以应该将他纳入到艺术史层面上来考量，这就是重估。艺术史已是现代史学治史的一个重要组成部分，其视域更加宏阔，研究方法更多样。《吴昌硕全集》的出版，为我们从艺术史的角度观照吴昌硕，进而通过他来观照他的周边群体和时代，都将显示出巨大的价值。

就出版方式而言，单一的、专题式的、体量有限的出版物是无法达到这个层次上的观照的。因此，"全集"已不是一个出版概念，它是一种学术意义上的整体性观照，或者说是具有研究含量的编辑工作。这就是我们专业出版的特性表现。正因为我们对吴昌硕有这个层次的认识，因而对编撰好《全集》也有了更高层次的认识。我所说的重估，这可以说是第一个层面的。

第二个层面，是对海派旗手影响力的重估。吴昌硕晚年的艺术活动主要在上海，他的直接影响也主要辐射着上海地区，在他的周围围绕着一个艺术群体甚至建立了重要社团，吴昌硕的艺术观念、创作方式对他们产生了诸多的影响。此现象虽然以前都有认识，但大家还是从绘画的角度来论的多，因此有吴昌硕开启后海派之说。不过，我以为吴昌硕之所以能成为海派旗手，除了艺术上震古铄今、别开新境、高人一筹外，其精神品德更是令人敬服，晚年俨然已为艺术界的精神领袖，其影响力很多方面已经超越了艺术的形式技法层面，超越了海派。

澎湃新闻：是的，阅读他的一些文献包括手札、诗，我觉得对吴昌硕、对当时凋敝的社会进行反思，进而具有一种昂扬的民族精神，或者说，在当时的背景下，吴昌硕身上有着一种"强其骨力"的精神特别明显，他是希望为我们民族注入一种强悍的力量。

王立翔：是的，从《全集》出发，我们将文献卷与作品卷相印证，就可以发现极为丰富的材料和信息。吴昌硕的思想，多渊源于科举"旧学"，浸染着浓厚的儒家思想，拥有着大多数同时代文人一样的怀抱。这显然与吴昌硕的家庭和社会经历有关，他一直在追求着贡献社会的抱负，他在精神层面张力很大。作为艺术家，大多数人可能醉心于技法层面的更多作为，但如何成为一位有思想的艺术家，吴昌硕可以说提供了一个重要的案例。他的艺术形态和趣味不能否认与他的社会生存需要有紧密关系，但他在历代文人画精神标榜的影响下，有着自己的精神追求，则在境界层次上与其他画家显现出高下之分。吴昌硕的经历大起大落，他早期有兼济天下的雄心，在中年又是那么颠沛流离，一直不得志，这对他的精神塑造起了巨大的作用。他看重诗的表达，在艺术性上注重金石气息，我觉得这都跟他内心的精神追求有关系。吴昌硕后期，随着他艺术表现语言的成熟，这种精神的作用力也通过其艺术语言及行为得到了扩展，因此他的作品流向江北、南方乃至东瀛，其旗手的影响已不仅仅局限在海派。这是时势造就，历史上罕有其匹。

　　通过《全集》，我们从传统意义上进一步分析，将吴昌硕的艺术（尤其是绘画）放入文人画系统中考量，可以更深层次地分析其文人画最后高峰的意义。

　　进入明清，有着强烈人文和玄学色彩的文人画，其发展进入一个愈加复杂多元的系统，但是"缘情言志"特征仍然是主体，而"缘情言志"与"笔墨""意境"高度融合并"境界自出"，则是文人画家立于当世、跻身画史的基石。中国的文人画源自于士大夫阶层对个人思想情感的形象表现，是一种综合素养的转化，它与学识修养、品格行为以及精神追求高度关联，最终呈现出来的是极为丰富而非单一的精神世界。但是明清以降，文人画逐渐走向公众化，及至旧时代行将崩溃的晚清，文人的身份和趣味的追求，更是遭强烈冲击，传统意义上的文人画，其审美观和精神价值主体在被不断削减之中，到了海派兴起时期，其生存环境大大改换，海派中的画家，已难以用文人画和非文人画作严格区分。

传统意义上的中国古代文人，是在学识修为、精神品格、人生价值追求都经严格训练的一个特殊群体。那个群体随着帝制的覆灭也渐次分解。就绘画而言，到了民国时期虽然也有大家的产生，但那已是余波所及，或者说与传统意义上的文人相比，已难以称典型的文人了。而在吴昌硕身上，传统文人的诸种要素还是比较饱满和纯粹的，这跟他幼承庭训，壮年求学，以及人生阅历有极其密切的关系。吴家是两代举人（祖父和父亲），吴昌硕后拜俞樾、杨岘等为师，研习诗文、小学，并与晚清著名诗人有交集。他有一个非常正的所谓传统修养的根基，并在此中孕育形成了经世处事的价值观。在这一点上后人是很难企及的。即便是受他影响的一些人也不再能被界定为传统意义上的文人画家，如齐白石。

我认为精神上的追求是文人画最为核心的内容。吴昌硕依靠嘉道以后金石学勃兴之势，融入同时代一些金石大家的学养沾溉和自己的气质，将金石气先后熔铸于篆刻、书法、绘画中，形成了古拙雄浑的艺术气息，创造出勃勃生机的精神面貌，堪称独步古人。其题材源自时代，而其气质则源自上古，其情感发自肺腑。他将徐渭的大写意发挥到了极致。

澎湃新闻： 这可能与他的定位也有关，他经过甲午战争看到中国晚清的衰落状态，他直接参与甲午战争以及战事的失败对他的刺激是超乎我们想象的，所以从石鼓文等高古艺术里把中国民族最早期的原始张力找回来，包括对金石气的重视，从这里都可以找到源头。

王立翔： 金石气的艺术化，体现了吴昌硕极强的吸纳整合和创造能力，其主因，是吴昌硕精神深处的人生观、世界观。

其精神表达的第二种方式，是他的诗文题跋。尤其是在绘画创作中，诗成为他灵魂的体现。诗言志在中国文人思想中根深蒂固，也是文人画的重要特征之一。吴昌硕的很多诗非常有时代感，集中体现了其内心的复杂情感和灵魂吟哦。

这次《全集》的文献卷有诗、信、杂稿，包括传于日本的资料。这一卷非常重要，我们希望读者更多地去观照吴昌硕的文字表现，因为文字可能比艺术作品更契合他的精神世界。而吴昌硕之后的画家，能以这种综合能力再现文人画特征的，几乎难觅其迹了。

吴昌硕可以作为最后文人画家的标本去解剖。

澎湃新闻：《吴昌硕全集》的出版必将推动对于吴昌硕的研究，您对今后还有什么展望？

王立翔：《全集》共计四个分卷，是尽当下之最大可能，将吴氏所有存世的创作、文献做了梳理，收入其各个时期、各种样式、不同面貌、不同风格、各种题材的作品，并以归类和编年的方式呈现，每编一个类别，都是一次学术梳理。这是以前没有做过的。比如篆刻卷，《全集》收入达一千五百方印蜕，这是目前最大的吴氏篆刻作品的集合。它不仅作品完备，同时又分编年和无纪年作品，其创作演变之面貌得到直观呈现。吴昌硕存世作品数量，我们评估下来大概接近两万件，分藏世界各地公私藏家手中，无法也没必要全部囊括，因为吴氏有大量的重复之作，有草率的应酬之作，还有代笔真伪存疑之作。《全集》皇皇十二册，收入各类作品五千件，在当下经济、文化、学术诸种准备条件下，我们尽了最大的可能。这在以前是难以想象的，我们能够完成《全集》的编撰，真是天时地利人和的结果。

如果说期望，那最大的期望，除了以这一重大题材项目，对国家的文化积累和传承建设起到一定的促进作用外，还希望给创作界、给学界、给收藏界，给所有需要的读者，带来更多当下的意义。《全集》毫无疑问是一道吴昌硕"超级大餐"，希望大家根据自己的所需和目的，在认识吴昌硕、认识海派、认识近代美术史，乃至观照整个中国艺术史方面，去咀嚼消化，然后形成更符合实际的判断，做出更多有价值的研究成果。《全集》的出版不仅提供海量的信息，而且先期做了严谨的整理，对再研究将带来极大的便利，一定意义上讲是前所未有的，期盼大家好好开掘利用。

澎湃新闻：可不可以这样讲，《吴昌硕全集》的编撰出版是一个分水岭，也是吴昌硕研究的一个新起步。《全集》的出版，对出版社来说是否也是一个有意义的锻炼机会？

王立翔：是的，对于我们来讲，通过《全集》的出版，我们积累了更多出版大型项目的经验，形成了一支良好的队伍。《全集》编撰极其复杂，是个复合型的工程，尤其是前期要做大量的调研普查工作，琐碎而艰巨。一方面，编辑要懂行，要对吴昌硕有一定认知；另一方面，又要在编辑和学术两方面训练有素；第三，需要坚韧的意志，能够找到解决办法。
具备这三点，才能在一定层面上与主编交流，与专家沟通，在
编辑出版过程中有所把控。因此，主持其事的责任编辑必须具
备高人一筹的专业能力和素养。我很骄傲，我们的责任编辑展
示了高超的素质。

　　《全集》收入了海内外如故宫博物院、苏州博物馆、广
东省博物馆、日本福岛书道美术馆等等各大馆藏机构的吴昌硕
藏品，也征集了私藏的精品，分布分散，头绪繁多，首先需要
细致缜密、条理清晰、不厌其烦、智慧地解决很多意想不到的
困难，这堪称是一个巨大的挑战。其次，是制定体例规则，与
作者一起对近万件材料条分缕析、对照排比、去伪存真，做出
科学的梳理，不断反复，不断修改，直至印制付型之前。如此
坚持了五年，投入之巨大，付出之艰辛，普通书稿是难以匹敌
的。我们不仅给自己定了高目标，也对作者提出了高要求，
在征集、鉴定、论述、著录、编辑等各项工作过程中，提出
"全面、品质、专业"三大原则，最终形成了"全、新、真、
精"四大特色。

　　其中，我们在"真"字上花的功夫也许更多。除了上面
提及的对作品"去伪存真"的把握外，我们更多要面对的是内
容的还原。这是我们专业性、学术性的重大体现。编撰团队整
理释读了所有的款跋、信函、诗文，吴昌硕篆书、草书给大家

带来极大的挑战，在做到既要忠实原貌，又要符合当今整理规范和国家语言文字使用要求之间，主编和编辑团队付出了艰苦努力，内容还原可以说是达到了一个前所未有的高度。还有就是图像还原，这一点我们也非常骄傲，《全集》作品基本来自原作，这个在全集出版史上很少有的。在此基础上，编辑团队在制版印制过程中做了严谨的色彩管控。

因此，《全集》不仅显示了内容的权威性，也彰显了我们工作的严谨性，以此达到了品质的可靠性。《全集》是我社海派艺术出版的最新骨干工程，它与我社其他重大选题一起，打造了上海书画出版社更高的专业出版地位。

五年做完《全集》，对作者和编辑，对所有参与者来讲都太不容易，这真的是在一种文化情怀和理想下的坚持，它超越了功利。《吴昌硕全集》发布之后得到了很好的社会反响，我们倍感欣慰。近期也得到了不少反馈，有的是从拍卖市场来的，有的是从我们客户那里来的，有的是学界、媒体的反映，更令人感激的是许多爱好者，他们用热情的行动表达了对我们付出的肯定，这让我们有些出乎意料，给予我们巨大鼓舞。从这些层面上说，《全集》的出版已经在生发效应，吴昌硕的认知度正在被提升到一个新的高度。

（《澎湃新闻·艺术评论》采访稿，2018年1月17日）

专业出版社的"专""精""特"

本文是《流光与书影——大时代浪潮中的出版人》一书的作者马晓芸女士，为中宣部"四个一批"人才课题项目而做的采访之一。该书记录了在当今出版多元发展、风云激荡的年代，一些出版人在重点、热点、难点等问题上的探索，分享了他们的成功经验和对未来发展的思考。

访谈嘉宾：王立翔（以下简称王）
访谈人：马晓芸（以下简称马）

马：您是1985年进入出版业，从编辑到出版社领导，应该说，见证并参与了中国出版三十多年的发展。以您的从业和人生体验，如何来看待这些年的出版变化？又是什么促使您一直扎根在出版行业？

王：这三十多年的出版业变化确实很大，从个人经历来说，阶段性体会很明显，大概可以概括为三个阶段：一是在事业体制下的出版阶段，主要在国家规划、主导下的出版，没有完全进入市场化运作，1985年前后正处在这个阶段；第二个阶段是随着改革开放的深入，上世纪九十年代初期到中期，出版业开始面临市场化，有一个重大变化，就是出版社历经了由卖方市场向读者买方市场的变化，以前是知识饥渴，图书出版不能满足读者需求，到了这个时期，图书品种迅速丰富，图书选题和发行的竞争进入了十分激烈的阶段；第三个阶段，是进入新世纪，尤其是2004年前后，国家在出版政策上有了很多新的导向要求，包括推动出版转企改制和产业升级，社会效益和经济效益并重要求愈加清晰，出版管理的体制机制愈加成熟，出版社的文化传承、社会职能更加凸显；等等，这些给出版业的发展都带来了更多新的机遇。

　　我选择出版工作主要是源于喜欢，当然也是觉得适合自己。我读的是古籍文献专业，当时上海古籍出版社需要图书编辑，上世纪八十年代古籍整理领域正处在人才断档时期，在这样的背景下，我有幸进入了出版队伍。现在看来，自己的选择是对的，无论是个人兴趣，还是知识结构，都在这里找到了支点，我个人的价值得到了发挥。

　　马：在您三十多年出版生涯中，印象最深刻或者说最难忘的编辑经历是什么？

　　王：这些年从事出版工作，编辑了很多书，也和很多作者、读者因书结缘。印象最深的还是与我第一次独立编辑的一本书有关，也就是在古籍目录学史上占有重要地位的宋晁公武《郡斋读书志》的校证整理本。那时我刚进入上海古籍出版社当编辑，就遇到这样近百万字、涉及文献极广的重点书稿。我花了一年多的时间编辑审读书稿，过程中学到很多，尤其是古籍整理书稿的编辑规范体系和审稿技能，也扩展了自己对古籍整理的认识视野。对图书品质的追求有助于打好一个编辑的基本功，这是我的体会。

　　这部书稿的整理者孙猛先生对我的出版生涯也起到极大的影响作用。他非常认真执着，花了十几年的时间，校对善本，钩稽文献，提升了原书的史料价值。他的治学方式、执着精神都给了我深刻影响。有趣的是，我们合作了十多年未曾见面，一直是书信来往。后来有一次我去东北出差，在吉林大学的食堂吃饭，偶尔听到隔壁桌上有人交谈，零散的几句话，觉得这个人讲的事跟《郡斋读书志》有关系，就贸然上前询问。我说，"您是孙猛先生吗？"他说，"是啊，我就是孙猛"。我们居然在这样的场合下第一次见面了，真是冥冥中的缘分，这是出版工作带给我无数惊喜中的一件吧。后来我们又再次合作，编辑出版了《日本国见在书目录详考》，这部书获得了中国出版政府奖。

一位编辑和一位作者的缘分，是人生美好的际遇，不会因时间而淡忘；一位作者因为一本书对编辑产生好的印象，深刻地记忆着你，信任着你。我想，这也是出版人成就感、满足感的所在。

马：您在上海古籍出版社拿了很多国家级大奖，获得了很多荣誉，古籍文献又是您的专业，怎么又去了上海书画出版社呢？

王：一方面，上海书画出版社历史悠久，在美术专业领域当中非常有影响，历经几代人的努力，打造了很好的一些平台，这些特质与古籍出版社很类似；另一方面，我从小喜欢书画，心中也有一份从事艺术工作的向往。我在古籍社的时候，就做了很多艺术类图书，积累了不少经验，有一些专业出版工作必要的基本能力。因为有这些基础，我觉得到书画社不妨是一种尝试，就这么过来了。

马：您到上海书画出版社后，主持编辑的"中国碑帖名品"一出版就被行业内视为标杆，做到了专业精品和大众畅销的结合，被读者称为"字帖大红袍"。当初为什么想到要编辑这套书呢？

　　王：我是做古籍整理出版出身的，书画社的核心业务与传统文化存在着密切关联，我就盘算着应该充分利用好这个基因。书画社的前身是朵云轩，有着百年历史和极丰富的书画资源，我认为可以通过深入挖掘书画艺术的文化底蕴创造出新的价值，以形成与其他美术类出版社不同的风格。

　　字帖一直是书画社的强项产品，原来在市场上就有口碑。我对书画社历年出的字帖做了研究，觉得可以在原来基础上对内容深度挖掘，对市场进行细分，根据读者需求提供差异化产品，打造字帖出版新的品牌，并形成规模效应，所以有了低价入门级的"中国书法宝库"、普及提高级的"中国碑帖名品"、研读收藏级的"法书至尊"三条产品线布局。"中国碑帖名品"的编辑出版，前后花了五年时间，应该讲是下大功夫精心打造的。做之前，我们做了大量的调查评估，研究市场的需求、读者的需求，发现书画社虽然做了很多的字帖，也有很多已经被读者接受的图书品牌，但是随着时代的发展，一些不足也初露端倪。我决心出版"中国碑帖名品"这个系列，主要是希望延续此前"中国碑帖经典"的效应，同时以优质图像和更为丰富的内容，来提升品质、增强内涵，并以百种规模，形成书画社一条新的字帖重点产品线。这在当时来讲是难度极高的挑战，但幸得所有参与者的努力，我们基本实现了初衷。这套书的成功，后来也被上海市出版协会作为案例编入《经典策划

119》之中。

　　我到书画社是2008年，那时候我已经接触到很多非常好的资源，尤其是碑帖方面的出版资源。我在古籍社的时候曾经主持出版了《翰墨瑰宝·上海图书馆藏珍本碑帖丛刊》，后来得了中国书法"兰亭奖"。我觉得这种优质图像资源应该更为书画社所用，以此来体现书画社的专业地位，这是其一。第二，读者需求在发展，大家都开始接触彩色图书了，尤其是艺术类的，而书画社当初没有这种意识，认为高端书才用彩色的，普及书读者的接受能力、消费能力不够，我认为这个看法应该结合具体情况有所改变。第三，原来传统碑帖的编辑出版，比较注重临写的需求，视觉层面的东西考虑得比较多，但是内涵的东西，比如说碑帖的产生与流传，版本的沿革和递藏，后世的题跋与评价，还有碑帖文本的释文、解读等等，做得还很不够。这是以前出版字帖的美术类出版社普遍存在的现象，它们往往以简单翻印为主，所以造成同质化现象十分严重。我想书画社应该率先去改变这一现象。我们做到了。

　　马："中国碑帖名品"从"小众"走向"大众"，完成了从书法临本向大众文化读本的转变，可以这样理解吗？你觉得这套书的成功原因是什么？

王：可以这么说吧！我们是把"中国碑帖名品"当作可阅读的字帖来做的，所以对图书的内容品质要求很高。首先是图像资料的品质，这是读者购买字帖最直接的一个理由。图像资料的品质由优质版本和高清晰度图像两部分组成。我们就是从这两点出发，竭力收集一手来源的原始图像，购买也好，合作也好，征集也好，包括从原先自己的库房中调用，确实是花了大力气。"中国碑帖名品"给读者的第一感受，就是版本更佳，图像质量大大提升了。

其次是文本的品质，即通过帮助读者准确解读碑帖内容和书法艺术，来提升丛帖内涵。首先是碑帖内容的释和读。以前常见字帖连释文都不做的，而我们则对一百种碑帖全部都做了释文。有些难度是非常之高的，比如篆书、隶书、草书，其中早期古文字，如甲骨金文简帛书，释文难度非常高。其次是对碑帖内文进行标点和名词解释。这就如同在做古籍整理了，许多作品以前从未有人做过这些工作，而我们请到了专业学者，请他们进行校勘整理。这堪称是一项重大突破，其用意也是希望我们的丛帖还具备阅读、研究的价值。

其实，在"中国碑帖名品"策划之初，我们给自己设置了不少"难题"。比如全系列定为一百种。我希望用这一百种碑帖来体现中国书法发展演变的轨迹，而不是像其他字帖那样，能出几种就出几种。这一百种碑帖是从书法史的定位来选目的，相当于一套书法史图录。另外，以前出版的字帖都聚焦于老经典，在"中国碑帖名品"中，我们增加了许多新发现的书法材料，如最近发现的战国秦汉简帛等等，呈现了更广阔的专业视野。我们还提出作品"全璧呈现"的编辑思路，就是原碑帖首尾任何细节均完整收入，碑刻有整纸拓的也影印刊出。这些信息使得丛帖具有了赏鉴、研究意义，突破了临写碑帖的一般功用。

　　所以"中国碑帖名品"出版后，它的受众面就大大拓展了，不仅仅限于原来纯粹学碑帖的读者。这众多的难点突破和附加值，都使这套丛帖不仅价值独特，含金量还尤为高，有效地规避了字帖类出版同质化严重的问题，因而得到了广大读者的认可。

　　我认为专业出版就是要追求品质和创新，就是要深度挖掘内容的多元价值，形成叠加效应，使出版的产品做到大家常说的"人无我有，人有我优"。没有这种特质，产品会处于较为低端的层次，无法形成优质品牌。我们要打造专业高地，必须要花点特殊的功夫。我相信"中国碑帖名品"的更多编辑用心，将在未来若干年后显现出更多的积极意义。

　　马：您说，专业出版要追求品质和创新，这样对编辑就提出了更高的要求。

王：对，需要综合素养。编辑除了有专业知识，还要有文化修养、理论素质。出版是内容产业，把内容转化成产品并形成产业，人的素质起着巨大的作用。编辑的素养越丰厚、越多元，能给予读者的东西也会更多一些。以前讲编辑都是一个杂家，是极有道理的，杂家在另一个层面的意义是底蕴丰厚。如果不是从杂家的角度去看待自己的职业的话，你拿出来的产品就会比较单一。当前出版选题同质化、平庸化，究其原因，是源于出版者对内容的肤浅认识。

马：专业出版社要做到又"专"又"精"，实现"两个效益"并重，您认为可持续发展的路径和方向是什么？

王：我觉得这是值得专业出版人多去探究的一个问题，非常重要。专业出版社，往往因为受众面小，发行量小，而读者对于内容要求又很高，市场压力是比较大的。当初我在上海古籍出版社的时候，一度图书发行量萎缩得蛮厉害，经常会遇到这样的矛盾：这本书的专业价值很高，但是它是亏本的，到底做还是不做？怎样处理这种专业书和大众需求的关系？怎样处理眼前利益和长远利益的关系？这些问题都是非常尖锐的。好在这个过程我们挺过来了。随着国家文化政策的重大调整，出版从业人员对出版事业特性认识的愈加成熟，以及社会对阅读的尊重、文化需求的不断提升，对专业出版中精品图书的需求也在扩大，这是社会发展进步的结果。

对专业出版发展规律的认识，需要我们出版人不断摸索，要拥有更长远的眼光和更加坚定的定力。我认为专业出版有特定的读者需求，因此就有足够的生存价值。我们一直非常看重自己的专业特性，深耕愈深，专业内的认可度就愈高，就拥有了自己的立足点。我在书画社这些年，主要就是抓两个方面：一个是专业。专业定位一定要牢固，不因市场的变动、读者的分化、短暂的困难影响，而忽视了自己的专业特性，去追逐非我所长的热点，这是专业出版社发展的大忌。另一个就是品质和品牌。我们有良好的品牌，但是品牌要发挥市场效应，其基础就是品质；品质要打造好，品牌才会不倒。这两者是互相促进的。这是我从事专业出版工作多年后得出的结论。来书画社后我就先确定了这个总基调，就是立足长远，坚守品质。专业出版社还是要保持定力，坚持专业立社，品牌立社，上海书画出版社的成功，证明了坚持走专业出版发展路径的可能性。我们走出了一条自己的路。

马：我自己也是多年在出版市场一线，感觉专业出版、品牌塑造，因为周期长，收效慢，面临市场的压力很大，所以很想知道，上海书画出版社是如何克服困难坚持下来的，经营发展上有什么"秘诀"吗？

王：还是要有具体的运作方案来解决经济效益问题。立足长远，不是不顾当下，而是要长短结合，不断攻克眼前的现实问题，稳步前进。现代出版人，不仅要有情怀、有使命，还要有超强的解决现实问题的综合能力，在理想和现实之间求得平衡。大众图书出版有其解决之道，专业图书出版，也有其解决之道。

书画社这些年有所成功，一条重要经验就是对中国书画艺术内容的不断深耕。内容是专业社取胜的根本。我们在内容开掘方面，首先是加强学科意识，将编辑部专业化，要求编辑部从自己的领域出发，为读者提供丰富而可信的专业内容和有益指导，服务和引领不同层次的读者阅读、教学、研究的需求。其次，是细分市场需求，提供差异化产品。我们为不同层次读者群打造了不同的内容产品，在小众的市场努力做足各种适应读者需求的文章，进行选题规划和产品布局。比如字帖，是上海书画社口碑最好的产品，也是重要的产品线之一。我们依据读者的不同需求，从内容的深与浅、宽与窄、传统与创新、功效与品质等诸多方面入手，对字帖板块进行了全方位多层次的布局，形成了差异化产品。通过细分市场需求，不断开掘内容价值，采取精确的市场策略，架构起多重产品组合，将有限的内容与读者群体进行了有效的对接，从而形成了自己的市场竞争优势。

　　正如您说的，专业出版的特点是周期长、见效慢，在初始阶段这个问题尤其突出，我觉得认准方向，有坚持，也要有调整，对任何事情都客观理性地去分析解决，而不要固守成见，目的是解决问题。要用好产品一盘棋，坚信品牌图书是会反哺你的，虽然它到来的时间可能会滞后。现在"中国碑帖名品"等系列，都已是我们很好的效益来源，这证明了专业图书是能够获得社会效益和经济效益双丰收的。

　　马：现在一些专业出版社开始转型，尝试做相关产业链的拓展，您是怎么看待的？

　　王：就专业出版社而言，这是值得思考的问题。美术社跟以文字内容为主体的出版社有很大不同，确实有很多其他可能性，因为它跟艺术创作、艺术图像、艺术教育、艺术活动、艺术经营有千丝万缕的关系。以前书画社和朵云轩是一家人两块牌子，朵云轩曾经为书画社创造了非常好的品牌联动效应。出版社进入市场后，我们在艺术品经营方面最早介入，搭建起艺术出版很好的产业架构，拍卖公司、古玩公司、艺术经济公司相继成立，在上世纪九十年代后期逐渐形成了一个非常完整的产业链，各延伸端都得到比较充分的发展。以朵云轩为品牌的产业发展，对出版社形成了非常好的反哺。但出版还是这个产业链的核心，起着主导作用。这很重要，为什么？因为我们是一个以出版为主的架构，出版社的高素质人才和专业内容锻造能力，形成了对其他延伸端的有力支撑，这与从一个艺术品经营公司出发去扩展产业链，站位和资源有着明显的不同。我认为这个认识很重要。

从这个经验来看，对未来的美术出版来说，进行产业延伸，走复合型出版道路，可以是一个很好的路径。艺术出版还是有很多路径可以走，但我认为关键还是要做强出版主业。

上海书画出版社选择了现在这条道路，证明了美术社还是有做好专业出版的又一种可能。关键还是要依托自己的优势、资源和人才，来对自己的发展进行定位。当然，做专业出版，需要很多储备和积累，人才、资源、资金，像蓄水池一样，要慢慢积累。

马：当今，科技发展迅速，数字出版是否会直接影响到传统的纸质出版？您如何理解出版业的创新发展？

王：数字出版或者说数字化转型，肯定是未来发展的大趋势，传统纸质出版必须面对这个问题。早期，面对数字化浪潮时，人们曾经认为纸质出版肯定不行了，后来逐渐意识到纸质图书还依然有生命力。现在大家更冷静成熟了，也许未来它跟数字形态可以并行。

　　但是，数字技术的迅猛发展对出版业的影响，将是具有变革性意义的。因为载体、技术手段不一样了，阅读习惯也将随着阅读主体的迭代变化而发生变化，出版必须去迎接这种变化。但是这个过程到底有多长，现在很难说。也许会有相当长时间并行，尤其是美术类出版社，因为它的特殊属性，就目前而言，其本质形态还没有发生颠覆性变化。但是，美术图书的受众不是单一的，还有很多非专业读者，这就提醒我们美术出版人，要积极掌握新技术，对接新业态，与时俱进。

　　创新是时代的主旋律，这不仅因为国家在大力提倡，更是社会发展的要求。具体到出版业，创新涉及到我们从经营管理到产品锻造到营销模式的各个方面。创新肯定是企业发展的重要命题，不过关键还是要处理好变与不变的辩证统一。出版是内容产业，需要遵循内容生产的规律，出版社凭借严谨的流程把控和专业的编校能力，成为社会各个行业学习、教育和科研可靠的内容提供者，这是其赖以存在的基石，是不能变的。出版业创新，重在观念和运营，要在新技术条件下，敏锐辨别读者内容需求和阅读方式的变化，以此推进我们各项工作的变革。比如出版社拥有大量内容的积累，如何通过创新手段开掘出更多新内涵、新价值，以提升我们的"双效益"，这里有大量的工作可以做。尤其是对数字产品的开发利用，目前往往因为数字领域人才和营销方式与传统出版有着较大差异，出版社普遍推进迟缓。当然，创新还是要依托于原来的基础，跟你没有什么关联度的产品，即使是有不错的创新，你去做了，读者认同度、市场接受度都会有问题。我们不能为创新而创新。就目前来说，许多出版社还存在产品模式单一、生产效益低、动销率低的问题，如何通过创新提升能力，改变现状，这是我们迫切需要解决的问题，也是我们这代出版人需要共同努力的方向。

（本篇采访收入马晓芸著《流光与书影——大时代浪潮中的出版人》，2020年，中国大百科全书出版社）

后　记

　　以编辑作为自己的职业生涯，是我人生最重要的选择之一。在大学生统分统配的年代，相对于大多数被动接受工作岗位的毕业生来说，我是幸运的，因为我是主动选择了编辑工作，而且如愿以偿。主动的原因，毫无疑问是出于对图书的热爱；能有一份与读书相伴且可以亲手制作图书的工作，这对我来说是充满了诱惑和想象的。

　　源于这份钟爱，1985年我告别大学，跨进了出版社之门。而我的幸运远不止于此。我的兴趣广泛，尤对自己祖国的历史文化无比热衷，在出版社这个需要既专又杂的工作岗位上，我的这份"天性"得到了最大满足，并且成为一种"优势"。在此后的编辑生涯里，我的选题触及文学历史、艺术文博、哲学宗教等多种学科，我对知识的广泛获取、更新再现的兴趣，使我在编辑出版工作中不断获得动力，完成了一个又一个"产品"，而与此同时，这一工作则不断反哺我对世界的新认知。

如今三十多年过去，其间经由我手而编辑出版的图书数以千计，我的藏书已经多到家中书柜远远不能贮藏的地步，这其中相当部分与我直接有关。我处理过古籍和艺术范围内的学术、普及、教材、期刊、图录、影印、工具书等各种类型的书稿，也尝试了几乎能变为可能的传统图书制作和装帧形态，最近这几年，还努力推进运行数字出版和新媒体平台建设。我以自己的经历感受着出版传播对人类文明传播和延续的伟大作用，领略着编辑出版绽放的各种魅力。

我步入出版领域，经历了改革开放以后的大部分出版发展阶段。我从普通编辑做起，在不同岗位上接受着工作给我带来的各种挑战，刷新着对编辑出版的认识；在出版大潮的冲浪中，注意探索出版的一般规律和专业出版的一些特质，完成由普通编辑向出版人的跨越。我先后在两个专业出版社工作，其底蕴都渊源于祖国悠久的历史文化，这使得我能长期涵泳其中并得到滋养，而各自的主攻方向，则锤炼着我的人生态度和专业修为，使我对编辑、出版的认知不断上升到更高层次。两段知名出版社的经历，让我能更接近我的职业理想。我庆幸自己的所学所思都有用武之地，我的潜能可以在出版工作中得到最大激发。是出版工作给了我无以言表的成就感和满足感，我为自己能成为人类历史长河中一名文化传承者、助推者而骄傲。因此，选择编辑出版工作，于我实在是一种幸运。

　　我的工作当然也经历了许多的困难和波折，尤其是在出版极富挑战和遭遇不利的时刻，是源于内心的执着和诸多的机缘，最终帮助我战胜了迷茫和气馁，时过境迁，我会感受到自己在磨砺中的成长。一方面，这是禀赋和性格使然。禀赋、性格自然源于家族和家庭，我自小内向而体质羸弱，但内心却时时能感受到父母兄长给予我的潜能，承续了许多坚韧的东西。另一方面，是得到了众多师友、领导和同道的提携和帮助，我与他们因编辑出版而结缘，他们让我在工作的行旅中不惧艰难，勇于向前。能拥有这些，更是我的幸运。

　　本集收入了我有关出版方面的一些文字，记录了我工作中的一些思索和探索。它们都是在我各个工作阶段积累起来的，有些是工作中的命题之文，零碎不成体系。集内大部分文字都撰写于本世纪之后，但有些内容涉及的时间跨度更大，为体现我部分思考和工作轨迹的连续性，因将书名副题冠为"三十年"以系之，以此为自己的出版生涯留个印痕。

　　小集寡识谫陋，但却迎来两位重量级人物赐序，这是我要特别感谢他们的。李国章先生是上海古籍出版社原社长，是我在古籍社的老领导，他对我的成长给予了长期的鼓励和提携，我则从他对古籍社的贡献中，学到了做好出版工作所需要的胆识、担当和赤忱之心。徐俊先生是中华书局原执行董事、党委书记，并任中国出版协会古籍出版工作委员会的掌门人，在出版界和学界都有着卓越的威望；他年长我一岁余，长期关注、呵护我这个后进，是我尊敬的兄长。他们两位慨然赐文，不仅令这本小书大增光彩，更重要的是，他们也以各自的视线，为我们几乎同步的出版工作历程，留下了时代的辙痕。

小集成编出版，起念于中宣部"四个一批"给予的项目计划，能在中华书局出版，也赖于徐俊兄、周绚隆兄的支持。文字成于不同时期，又刊于不同的出版物，幸赖责编王贵彬兄仔细审校、学术著作编辑一部罗华彤兄统筹把关，方使得零碎之文顺利成编。小集汇编时间仓促，我未及与发表之稿一一勘对，故颇患粗疏之处不绝，因通读一遍，有些文字还做了更动，再请书画社同仁雍琦兄作了一道审核。在此一并向他们表达由衷的谢意！

本集中对出版工作的有关探索和思考，得出的一些归纳和总结，如有可取之处，当感谢与我共同努力作为的师友和作者，尤其是与我长期相伴的出版同道；出版是集体共同作为的事业，我的记录自然也是他们辛勤工作的结晶。当然，任何不当之处，则在于我水平有限、见识浅薄，仅仅以此作为向同好抛砖引玉、诚意求教的一次机会。

三十多年弹指而过，我对出版事业是既充满了爱戴，也保有着敬畏；是既遵从了内心理想的召唤，又鞭策着自己勿忘职业所需要的不懈进取。我虽资质驽钝，但仍愿感念时代，忠于职责，与时俱进。我将保持这份不变的衷情，完成我的职业旅程，圆满我的编辑出版之梦。

2022年4月15日撰于鼎秀园，时沪上新冠疫情正紧

图书在版编目(CIP)数据

柔翰集:出版三十年手记/王立翔著. —北京:中华书局,
2022.6
ISBN 978-7-101-15715-4

Ⅰ.柔… Ⅱ.王… Ⅲ.出版工作-文集 Ⅳ.G23-53

中国版本图书馆 CIP 数据核字(2022)第 071756 号

书　　名	柔翰集——出版三十年手记	
著　　者	王立翔	
责任编辑	王贵彬	
责任印制	管　斌	
出版发行	中华书局	
	(北京市丰台区太平桥西里 38 号　100073)	
	http://www.zhbc.com.cn	
	E-mail:zhbc@zhbc.com.cn	
印　　刷	北京盛通印刷股份有限公司	
版　　次	2022 年 6 月第 1 版	
	2022 年 6 月第 1 次印刷	
规　　格	开本/880×1230 毫米　1/32	
	印张 10¾　字数 250 千字	
国际书号	ISBN 978-7-101-15715-4	
定　　价	88.00 元